햇살콩 필사묵상노트

개역개정

쓰담쓰닮 시편 3

쓰고 담다

쓰고 닮아가다

규장

'쓰담쓰닮' 필사묵상노트 시리즈를 펴내며

하나님 말씀은 살아있어 운동력 있는 '생명의 말씀'입니다.

책을 빠르게 넘기지 말고
한 구절 한 구절 천천히 읽고 필사하면서
생명력 있는 하나님 말씀을 마음에 담으세요.
"쓰고 담으세요!"

정성껏 새기며 깊이 묵상할 때
내 삶에 말씀이 숨쉬고
그분을 닮아가는 은혜가 깃듭니다.
"쓰고 닮아가세요!"

성경 쓰기를 통해
하나님과 일대일로 만나는 깊은 교제의 시간을 가지며
여러분의 신앙을 지켜가길 기도합니다.

"쓰담쓰닮"
하나님의 말씀이 당신을 위로하고
당신의 삶에 등불이 됨을 경험하십시오.

주의 말씀은 내 발에 등이요 내 길에 빛이니이다 시 119:105

필사를 시작하며

1. 말씀을 쓰기 전에 성령님의 도우심을 구하며 기도하세요.

   보혜사 곧 아버지께서 내 이름으로 보내실 성령 그가 너희에게 모든 것을 가르치고 내가 너희에게 말한 모든 것을 생각나게 하리라 요 14:26

2. 말씀을 천천히 소리 내어 읽으며 필사하세요.

   나의 반석이시요 나의 구속자이신 여호와여 내 입의 말과 마음의 묵상이 주님 앞에 열납되기를 원하나이다 시 19:14

3. 필사한 말씀을 묵상하고 삶에 적용하세요.

   여호와의 교훈은 정직하여 마음을 기쁘게 하고 여호와의 계명은 순결하여 눈을 밝게 하시도다 시 19:8

4. 말씀을 쓰고 난 후 기도로 마무리하세요.

   하나님의 말씀과 기도로 거룩하여짐이라 딤전 4:5

5. 필사하며 받은 은혜를 다른 이에게도 흘려보내세요.

   오직 선을 행함과 서로 나누어주기를 잊지 말라 하나님은 이같은 제사를 기뻐하시느니라 히 13:16

쓰담쓰담 필사묵상노트 활용법

◇ 한 장이 끝나면, 햇살콩 묵상을 천천히 읽어주세요.

◇ 필사하면서 마음에 남는 구절을 깊이 묵상하며 하나님이 부어주시는 마음과 삶에 적용하고픈 내용을 '나의 묵상' 공간에 기록하세요.

◇ 묵상을 마치면 캘리그라피를 따라 쓰며 말씀을 마음에 한 번 더 새기세요.

◇ 햇살콩 일러스트와 말씀 구절을 통해 잠잠히 묵상하는 시간을 가져보세요.

시편 Psalms

시편은 찬양과 기도의 책이다.
이스라엘의 기도 책이면서
하나님을 경배하는 찬양의 책이다.
시편은 1천 년 동안 쓰인 '시'이며,
다섯 권의 시집이 하나로 묶인 책이다.
시마다 고유한 역사적 배경과
저자의 신앙 체험, 삶의 목소리가 담겨있다.
깊은 영감과 탁월한 문학적 수준을 자랑하는
시편은 하나님 앞에서 정직하고
참되게 사는 삶이 무엇인지를 보여준다.

–《포커스성경》(대한기독교서회) 발췌

일러두기

여호와는 선하시니 그의 인자하심이 영원하고

그의 성실하심이 대대에 이르리로다

시 100:5

시편 96편

1 새 노래로 여호와께 노래하라 온 땅이여 여호와께 노래할지어다

2 여호와께 노래하여 그의 이름을 송축하며 그의 구원을 날마다 전파할지어다

3 그의 영광을 백성들 가운데에,
그의 기이한 행적을 만민 가운데에 선포할지어다

4 여호와는 위대하시니 지극히 찬양할 것이요 모든 신들보다 경외할 것임이여

5 만국의 모든 신들은 우상들이지만 여호와께서는 하늘을 지으셨음이로다

6 존귀와 위엄이 그의 앞에 있으며 능력과 아름다움이 그의 성소에 있도다

7 만국의 족속들아 영광과 권능을 여호와께 돌릴지어다 여호와께 돌릴지어다

8 여호와의 이름에 합당한 영광을 그에게 돌릴지어다
예물을 들고 그의 궁정에 들어갈지어다

9 아름답고 거룩한 것으로 여호와께 예배할지어다
온 땅이여 그 앞에서 떨지어다

10 모든 나라 가운데서 이르기를 여호와께서 다스리시니 세계가 굳게 서고
흔들리지 않으리라 그가 만민을 공평하게 심판하시리라 할지로다

11 하늘은 기뻐하고 땅은 즐거워하며 바다와 거기에 충만한 것이 외치고

12 밭과 그 가운데에 있는 모든 것은 즐거워할지로다
그때 숲의 모든 나무들이 여호와 앞에서 즐거이 노래하리니

13 그가 임하시되 땅을 심판하러 임하실 것임이라
그가 의로 세계를 심판하시며 그의 진실하심으로 백성을 심판하시리로다

월 일

시편 97편

1 여호와께서 다스리시나니 땅은 즐거워하며 허다한 섬은 기뻐할지어다

2 구름과 흑암이 그를 둘렀고 의와 공평이 그의 보좌의 기초로다

3 불이 그의 앞에서 나와 사방의 대적들을 불사르시는도다

4 그의 번개가 세계를 비추니 땅이 보고 떨었도다

5 산들이 여호와의 앞 곧 온 땅의 주 앞에서 밀랍같이 녹았도다

6 하늘이 그의 의를 선포하니 모든 백성이 그의 영광을 보았도다

7 조각한 신상을 섬기며 허무한 것으로 자랑하는 자는 다 수치를 당할 것이라
너희 신들아 여호와께 경배할지어다

8 여호와여 시온이 주의 심판을 듣고 기뻐하며 유다의 딸들이 즐거워하였나이다

9 여호와여 주는 온 땅 위에 지존하시고 모든 신들보다 위에 계시니이다

10 여호와를 사랑하는 너희여 악을 미워하라
그가 그의 성도의 영혼을 보전하사 악인의 손에서 건지시느니라

11 의인을 위하여 빛을 뿌리고 마음이 정직한 자를 위하여 기쁨을 뿌리시는도다

12 의인이여 너희는 여호와로 말미암아 기뻐하며
그의 거룩한 이름에 감사할지어다

월 일

시편 98편

시

1 새 노래로 여호와께 찬송하라 그는 기이한 일을 행하사
그의 오른손과 거룩한 팔로 자기를 위하여 구원을 베푸셨음이로다
2 여호와께서 그의 구원을 알게 하시며
그의 공의를 뭇 나라의 목전에서 명백히 나타내셨도다
3 그가 이스라엘의 집에 베푸신 인자와 성실을 기억하셨으므로
땅끝까지 이르는 모든 것이 우리 하나님의 구원을 보았도다
4 온 땅이여 여호와께 즐거이 소리칠지어다
소리 내어 즐겁게 노래하며 찬송할지어다
5 수금으로 여호와를 노래하라 수금과 음성으로 노래할지어다
6 나팔과 호각 소리로 왕이신 여호와 앞에 즐겁게 소리칠지어다
7 바다와 거기 충만한 것과 세계와 그중에 거주하는 자는 다 외칠지어다
8 여호와 앞에서 큰물은 박수할지어다 산악이 함께 즐겁게 노래할지어다
9 그가 땅을 심판하러 임하실 것임이로다
그가 의로 세계를 판단하시며 공평으로 그의 백성을 심판하시리로다

월 일

시편 99편

1 여호와께서 다스리시니 만민이 떨 것이요
여호와께서 그룹 사이에 좌정하시니 땅이 흔들릴 것이로다
2 시온에 계시는 여호와는 위대하시고 모든 민족보다 높으시도다
3 주의 크고 두려운 이름을 찬송할지니 그는 거룩하심이로다
4 능력 있는 왕은 정의를 사랑하느니라
주께서 공의를 견고하게 세우시고
주께서 야곱에게 정의와 공의를 행하시나이다
5 너희는 여호와 우리 하나님을 높여
그의 발등상 앞에서 경배할지어다 그는 거룩하시도다
6 그의 제사장들 중에는 모세와 아론이 있고
그의 이름을 부르는 자들 중에는 사무엘이 있도다
그들이 여호와께 간구하매 응답하셨도다
7 여호와께서 구름 기둥 가운데서 그들에게 말씀하시니
그들은 그가 그들에게 주신 증거와 율례를 지켰도다
8 여호와 우리 하나님이여 주께서는 그들에게 응답하셨고
그들의 행한 대로 갚기는 하셨으나 그들을 용서하신 하나님이시니이다
9 너희는 여호와 우리 하나님을 높이고 그 성산에서 예배할지어다
여호와 우리 하나님은 거룩하심이로다

월 일

시편 100편

감사의 시

1 온 땅이여 여호와께 즐거운 찬송을 부를지어다

2 기쁨으로 여호와를 섬기며 노래하면서 그의 앞에 나아갈지어다

3 여호와가 우리 하나님이신 줄 너희는 알지어다 그는 우리를 지으신 이요
우리는 그의 것이니 그의 백성이요 그의 기르시는 양이로다

4 감사함으로 그의 문에 들어가며 찬송함으로 그의 궁정에 들어가서
그에게 감사하며 그의 이름을 송축할지어다

5 여호와는 선하시니 그의 인자하심이 영원하고
그의 성실하심이 대대에 이르리로다

시편 101편

다윗의 시

1 내가 인자와 정의를 노래하겠나이다 여호와여 내가 주께 찬양하리이다

2 내가 완전한 길을 주목하오리니 주께서 어느 때나 내게 임하시겠나이까
내가 완전한 마음으로 내 집 안에서 행하리이다

3 나는 비천한 것을 내 눈앞에 두지 아니할 것이요 배교자들의 행위를
내가 미워하오리니 나는 그 어느 것도 붙들지 아니하리이다

4 사악한 마음이 내게서 떠날 것이니 악한 일을 내가 알지 아니하리로다

5 자기의 이웃을 은근히 헐뜯는 자를 내가 멸할 것이요
눈이 높고 마음이 교만한 자를 내가 용납하지 아니하리로다

6 내 눈이 이 땅의 충성된 자를 살펴 나와 함께 살게 하리니
완전한 길에 행하는 자가 나를 따르리로다

월 일

7 거짓을 행하는 자는 내 집 안에 거주하지 못하며
거짓말하는 자는 내 목전에 서지 못하리로다
8 아침마다 내가 이 땅의 모든 악인을 멸하리니
악을 행하는 자는 여호와의 성에서 다 끊어지리로다

시편 102편

고난 당한 자가 마음이 상하여 그의 근심을 여호와 앞에 토로하는 기도

1 여호와여 내 기도를 들으시고 나의 부르짖음을 주께 상달하게 하소서
2 나의 괴로운 날에 주의 얼굴을 내게서 숨기지 마소서
주의 귀를 내게 기울이사 내가 부르짖는 날에 속히 내게 응답하소서
3 내 날이 연기같이 소멸하며 내 뼈가 숯같이 탔음이니이다
4 내가 음식 먹기도 잊었으므로 내 마음이 풀같이 시들고 말라버렸사오며
5 나의 탄식 소리로 말미암아 나의 살이 뼈에 붙었나이다
6 나는 광야의 올빼미 같고 황폐한 곳의 부엉이같이 되었사오며
7 내가 밤을 새우니 지붕 위의 외로운 참새 같으니이다
8 내 원수들이 종일 나를 비방하며 내게 대항하여
미칠 듯이 날뛰는 자들이 나를 가리켜 맹세하나이다
9 나는 재를 양식같이 먹으며 나는 눈물 섞인 물을 마셨나이다
10 주의 분노와 진노로 말미암음이라 주께서 나를 들어서 던지셨나이다
11 내 날이 기울어지는 그림자 같고 내가 풀의 시들어짐 같으니이다
12 여호와여 주는 영원히 계시고 주에 대한 기억은 대대에 이르리이다

월 일

13 주께서 일어나사 시온을 긍휼히 여기시리니
지금은 그에게 은혜를 베푸실 때라 정한 기한이 다가옴이니이다
14 주의 종들이 시온의 돌들을 즐거워하며 그의 티끌도 은혜를 받나이다
15 이에 뭇 나라가 여호와의 이름을 경외하며
이 땅의 모든 왕들이 주의 영광을 경외하리니
16 여호와께서 시온을 건설하시고 그의 영광 중에 나타나셨음이라
17 여호와께서 빈궁한 자의 기도를 돌아보시며
그들의 기도를 멸시하지 아니하셨도다
18 이 일이 장래 세대를 위하여 기록되리니
창조함을 받을 백성이 여호와를 찬양하리로다
19 여호와께서 그의 높은 성소에서 굽어보시며 하늘에서 땅을 살펴보셨으니
20 이는 갇힌 자의 탄식을 들으시며 죽이기로 정한 자를 해방하사
21 여호와의 이름을 시온에서, 그 영예를 예루살렘에서 선포하게 하려 하심이라
22 그때에 민족들과 나라들이 함께 모여 여호와를 섬기리로다
23 그가 내 힘을 중도에 쇠약하게 하시며 내 날을 짧게 하셨도다
24 나의 말이 나의 하나님이여 나의 중년에 나를 데려가지 마옵소서
주의 연대는 대대에 무궁하니이다
25 주께서 옛적에 땅의 기초를 놓으셨사오며
하늘도 주의 손으로 지으신 바니이다
26 천지는 없어지려니와 주는 영존하시겠고
그것들은 다 옷같이 낡으리니 의복같이 바꾸시면 바뀌려니와
27 주는 한결같으시고 주의 연대는 무궁하리이다
28 주의 종들의 자손은 항상 안전히 거주하고
그의 후손은 주 앞에 굳게 서리이다 하였도다

월 일

시인은 '괴로운' 날을 만나 마음이 상해있습니다.
그는 자신의 고통스러운 현실과 심정을
하나님께 그대로 아뢰니다.

'내 마음은 풀처럼 말라 시들었으며
음식 먹는 것조차 잊어버렸습니다.
신음하다 지쳐서 뼈와 가죽만 남았습니다.'

시인의 기도에 주목해보십시오.
그는 먼저 주님을 얼굴을 구합니다.
그가 기도를 통해 하나님과 막힌 관계를 풀자
눈앞에 현실을 바라보는 관점도 변합니다.

그는 하나님의 임재 안에서
회복과 소망을 경험하고
구원의 열정으로 더욱 깊어집니다.
비록 자신이 먼지 같은 존재이지만 여전히
하나님의 크신 섭리와 사랑 안에 있음을 깨닫지요.

오늘 우리도 어려운 가운데
그분의 얼굴을 먼저 구할 때
'깊어짐'의 은혜를 경험하길 소망합니다.

나의 묵상

여호와는 선하시니
그의 인자하심이 영원하고
그의 성실하심이 대대에 이르리로다

시편 103편

다윗의 시

1 내 영혼아 여호와를 송축하라 내 속에 있는 것들아
다 그의 거룩한 이름을 송축하라

2 내 영혼아 여호와를 송축하며 그의 모든 은택을 잊지 말지어다

3 그가 네 모든 죄악을 사하시며 네 모든 병을 고치시며

4 네 생명을 파멸에서 속량하시고 인자와 긍휼로 관을 씌우시며

5 좋은 것으로 네 소원을 만족하게 하사
네 청춘을 독수리같이 새롭게 하시는도다

6 여호와께서 공의로운 일을 행하시며
억압당하는 모든 자를 위하여 심판하시는도다

7 그의 행위를 모세에게,
그의 행사를 이스라엘 자손에게 알리셨도다

8 여호와는 긍휼이 많으시고 은혜로우시며
노하기를 더디 하시고 인자하심이 풍부하시도다

9 자주 경책하지 아니하시며 노를 영원히 품지 아니하시리로다

10 우리의 죄를 따라 우리를 처벌하지는 아니하시며
우리의 죄악을 따라 우리에게 그대로 갚지는 아니하셨으니

11 이는 하늘이 땅에서 높음같이 그를 경외하는 자에게
그의 인자하심이 크심이로다

월 일

12 동이 서에서 먼 것같이 우리의 죄과를 우리에게서 멀리 옮기셨으며
13 아버지가 자식을 긍휼히 여김같이
여호와께서는 자기를 경외하는 자를 긍휼히 여기시나니
14 이는 그가 우리의 체질을 아시며
우리가 단지 먼지뿐임을 기억하심이로다
15 인생은 그 날이 풀과 같으며 그 영화가 들의 꽃과 같도다
16 그것은 바람이 지나가면 없어지나니
그 있던 자리도 다시 알지 못하거니와
17 여호와의 인자하심은 자기를 경외하는 자에게
영원부터 영원까지 이르며 그의 의는 자손의 자손에게 이르리니
18 곧 그의 언약을 지키고
그의 법도를 기억하여 행하는 자에게로다
19 여호와께서 그의 보좌를 하늘에 세우시고
그의 왕권으로 만유를 다스리시도다
20 능력이 있어 여호와의 말씀을 행하며
그의 말씀의 소리를 듣는 여호와의 천사들이여 여호와를 송축하라
21 그에게 수종들며 그의 뜻을 행하는
모든 천군이여 여호와를 송축하라
22 여호와의 지으심을 받고 그가 다스리시는 모든 곳에 있는 너희여
여호와를 송축하라 내 영혼아 여호와를 송축하라

월 일

시편 104편

1 내 영혼아 여호와를 송축하라 여호와 나의 하나님이여
주는 심히 위대하시며 존귀와 권위로 옷 입으셨나이다

2 주께서 옷을 입음같이 빛을 입으시며 하늘을 휘장같이 치시며

3 물에 자기 누각의 들보를 얹으시며
구름으로 자기 수레를 삼으시고 바람 날개로 다니시며

4 바람을 자기 사신으로 삼으시고 불꽃으로 자기 사역자를 삼으시며

5 땅에 기초를 놓으사 영원히 흔들리지 아니하게 하셨나이다

6 옷으로 덮음같이 주께서 땅을 깊은 바다로 덮으시매
물이 산들 위로 솟아올랐으나

7 주께서 꾸짖으시니 물은 도망하며
주의 우렛소리로 말미암아 빨리 가며

8 주께서 그들을 위하여 정하여주신 곳으로 흘러갔고
산은 오르고 골짜기는 내려갔나이다

9 주께서 물의 경계를 정하여 넘치지 못하게 하시며
다시 돌아와 땅을 덮지 못하게 하셨나이다

10 여호와께서 샘을 골짜기에서 솟아나게 하시고 산 사이에 흐르게 하사

11 각종 들짐승에게 마시게 하시니 들나귀들도 해갈하며

12 공중의 새들도 그 가에서 깃들이며 나뭇가지 사이에서 지저귀는도다

13 그가 그의 누각에서부터 산에 물을 부어주시니
주께서 하시는 일의 결실이 땅을 만족시켜주는도다

월 일

14 그가 가축을 위한 풀과 사람을 위한 채소를 자라게 하시며
땅에서 먹을 것이 나게 하셔서
15 사람의 마음을 기쁘게 하는 포도주와 사람의 얼굴을 윤택하게 하는 기름과
사람의 마음을 힘 있게 하는 양식을 주셨도다
16 여호와의 나무에는 물이 흡족함이여
곧 그가 심으신 레바논 백향목들이로다
17 새들이 그 속에 깃들임이여 학은 잣나무로 집을 삼는도다
18 높은 산들은 산양을 위함이여 바위는 너구리의 피난처로다
19 여호와께서 달로 절기를 정하심이여 해는 그 지는 때를 알도다
20 주께서 흑암을 지어 밤이 되게 하시니
삼림의 모든 짐승이 기어나오나이다
21 젊은 사자들은 그들의 먹이를 쫓아 부르짖으며
그들의 먹이를 하나님께 구하다가
22 해가 돋으면 물러가서 그들의 굴 속에 눕고
23 사람은 나와서 일하며 저녁까지 수고하는도다
24 여호와여 주께서 하신 일이 어찌 그리 많은지요
주께서 지혜로 그들을 다 지으셨으니
주께서 지으신 것들이 땅에 가득하니이다
25 거기에는 크고 넓은 바다가 있고
그 속에는 생물 곧 크고 작은 동물들이 무수하니이다

월 일

26 그곳에는 배들이 다니며 주께서
지으신 리워야단이 그 속에서 노나이다
27 이것들은 다 주께서 때를 따라 먹을 것을 주시기를 바라나이다
28 주께서 주신즉 그들이 받으며 주께서 손을 펴신즉
그들이 좋은 것으로 만족하다가
29 주께서 낯을 숨기신즉 그들이 떨고
주께서 그들의 호흡을 거두신즉
그들은 죽어 먼지로 돌아가나이다
30 주의 영을 보내어 그들을 창조하사 지면을 새롭게 하시나이다
31 여호와의 영광이 영원히 계속할지며
여호와는 자신께서 행하시는 일들로 말미암아 즐거워하시리로다
32 그가 땅을 보신즉 땅이 진동하며 산들을 만지신즉 연기가 나는도다
33 내가 평생토록 여호와께 노래하며
내가 살아있는 동안 내 하나님을 찬양하리로다
34 나의 기도를 기쁘게 여기시기를 바라나니
나는 여호와로 말미암아 즐거워하리로다
35 죄인들을 땅에서 소멸하시며 악인들을 다시 있지 못하게 하시리로다
내 영혼아 여호와를 송축하라 할렐루야

월 일

103편은 "내 영혼아 여호와를 송축하라"
이 구절로 시작하여 이 구절로 끝을 맺습니다.

다윗은 사랑, 은혜, 긍휼, 인자하심,
구원, 용서, 치유, 새롭게 하심 등
우리가 찬양해야 할 하나님의 성품을
구체적으로 언급하지요.

하나님은 우리가 얼마나
연약한 존재인지 아시고 기억하십니다.
그렇기에 긍휼과 사랑을 아낌없이 베풀어주십니다.

"이는 그가 우리의 체질을 아시며 우리가
단지 먼지뿐임을 기억하심이로다"(시 103:14).

하나님의 사랑의 성품을 경험한 그리스도인은
전심으로 하나님을 찬양해야 합니다.

오늘, 당신에게 하나님은 어떤 분이신지
그분이 어떤 은혜를 베푸셨는지
입술로, 마음으로, 삶으로 노래하십시오.

나의 묵상

이는 하늘이 땅에서 높음같이
그를 경외하는 자에게
그의 인자하심이 크심이로다

시편 105편

1 여호와께 감사하고 그의 이름을 불러 아뢰며
그가 하는 일을 만민 중에 알게 할지어다

2 그에게 노래하며 그를 찬양하며 그의 모든 기이한 일들을 말할지어다

3 그의 거룩한 이름을 자랑하라 여호와를 구하는 자들은 마음이 즐거울지로다

4 여호와와 그의 능력을 구할지어다 그의 얼굴을 항상 구할지어다

5 그의 종 아브라함의 후손 곧 택하신 야곱의 자손 너희는
그가 행하신 기적과 그의 이적과 그의 입의 판단을 기억할지어다

6 (5절에 포함)

7 그는 여호와 우리 하나님이시라 그의 판단이 온 땅에 있도다

8 그는 그의 언약 곧 천 대에 걸쳐 명령하신 말씀을 영원히 기억하셨으니

9 이것은 아브라함과 맺은 언약이고 이삭에게 하신 맹세이며

10 야곱에게 세우신 율례 곧 이스라엘에게 하신 영원한 언약이라

11 이르시기를 내가 가나안 땅을 네게 주어
너희에게 할당된 소유가 되게 하리라 하셨도다

12 그때에 그들의 사람 수가 적어 그 땅의 나그네가 되었고

13 이 족속에게서 저 족속에게로, 이 나라에서 다른 민족에게로 떠돌아다녔도다

14 그러나 그는 사람이 그들을 억압하는 것을 용납하지 아니하시고
그들로 말미암아 왕들을 꾸짖어

15 이르시기를 나의 기름부은 자를 손대지 말며
나의 선지자들을 해하지 말라 하셨도다

16 그가 또 그 땅에 기근이 들게 하사
그들이 의지하고 있는 양식을 다 끊으셨도다

월 일

17 그가 한 사람을 앞서 보내셨음이여 요셉이 종으로 팔렸도다
18 그의 발은 차꼬를 차고 그의 몸은 쇠사슬에 매였으니
19 곧 여호와의 말씀이 응할 때까지라 그의 말씀이 그를 단련하였도다
20 왕이 사람을 보내어 그를 석방함이여
뭇 백성의 통치자가 그를 자유롭게 하였도다
21 그를 그의 집의 주관자로 삼아 그의 모든 소유를 관리하게 하고
22 그의 뜻대로 모든 신하를 다스리며 그의 지혜로 장로들을 교훈하게 하였도다
23 이에 이스라엘이 애굽에 들어감이여 야곱이 함의 땅에 나그네가 되었도다
24 여호와께서 자기의 백성을 크게 번성하게 하사
그의 대적들보다 강하게 하셨으며
25 또 그 대적들의 마음이 변하게 하여 그의 백성을 미워하게 하시며
그의 종들에게 교활하게 행하게 하셨도다
26 그리하여 그는 그의 종 모세와 그의 택하신 아론을 보내시니
27 그들이 그들의 백성 중에서 여호와의 표적을 보이고
함의 땅에서 징조들을 행하였도다
28 여호와께서 흑암을 보내사 그곳을 어둡게 하셨으나
그들은 그의 말씀을 지키지 아니하였도다
29 그들의 물도 변하여 피가 되게 하사 그들의 물고기를 죽이셨도다
30 그 땅에 개구리가 많아져서 왕의 궁실에도 있었도다
31 여호와께서 말씀하신즉 파리 떼가 오며 그들의 온 영토에 이가 생겼도다
32 비 대신 우박을 내리시며 그들의 땅에 화염을 내리셨도다

월 일

33 그들의 포도나무와 무화과나무를 치시며
그들의 지경에 있는 나무를 찍으셨도다
34 여호와께서 말씀하신즉 황충과 수많은 메뚜기가 몰려와
35 그들의 땅에 있는 모든 채소를 먹으며 그들의 밭에 있는 열매를 먹었도다
36 또 여호와께서 그들의 기력의 시작인 그 땅의 모든 장자를 치셨도다
37 마침내 그들을 인도하여 은금을 가지고 나오게 하시니
그의 지파 중에 비틀거리는 자가 하나도 없었도다
38 그들이 떠날 때에 애굽이 기뻐하였으니 그들이 그들을 두려워함이로다
39 여호와께서 낮에는 구름을 펴사 덮개를 삼으시고 밤에는 불로 밝히셨으며
40 그들이 구한즉 메추라기를 가져오시고
또 하늘의 양식으로 그들을 만족하게 하셨도다
41 반석을 여신즉 물이 흘러나와 마른 땅에 강같이 흘렀으니
42 이는 그의 거룩한 말씀과 그의 종 아브라함을 기억하셨음이로다
43 그의 백성이 즐겁게 나오게 하시며
그의 택한 자는 노래하며 나오게 하시고
44 여러 나라의 땅을 그들에게 주시며
민족들이 수고한 것을 소유로 가지게 하셨으니
45 이는 그들이 그의 율례를 지키고
그의 율법을 따르게 하려 하심이로다 할렐루야

월 일

시편 106편

1 할렐루야 여호와께 감사하라 그는 선하시며 그 인자하심이 영원함이로다

2 누가 능히 여호와의 권능을 다 말하며 주께서 받으실 찬양을 다 선포하랴

3 정의를 지키는 자들과 항상 공의를 행하는 자는 복이 있도다

4 여호와여 주의 백성에게 베푸시는 은혜로 나를 기억하시며
주의 구원으로 나를 돌보사

5 내가 주의 택하신 자가 형통함을 보고
주의 나라의 기쁨을 나누어 가지게 하사 주의 유산을 자랑하게 하소서

6 우리가 우리의 조상들처럼 범죄하여 사악을 행하며 악을 지었나이다

7 우리의 조상들이 애굽에 있을 때 주의 기이한 일들을 깨닫지 못하며
주의 크신 인자를 기억하지 아니하고 바다 곧 홍해에서 거역하였나이다

8 그러나 여호와께서는 자기의 이름을 위하여 그들을 구원하셨으니
그의 큰 권능을 만인이 알게 하려 하심이로다

9 이에 홍해를 꾸짖으시니 곧 마르니 그들을 인도하여
바다 건너가기를 마치 광야를 지나감 같게 하사

10 그들을 그 미워하는 자의 손에서 구원하시며 그 원수의 손에서 구원하셨고

11 그들의 대적들은 물로 덮으시매 그들 중에서 하나도 살아남지 못하였도다

12 이에 그들이 그의 말씀을 믿고 그를 찬양하는 노래를 불렀도다

월 일

13 그러나 그들은 그가 행하신 일을 곧 잊어버리며
그의 가르침을 기다리지 아니하고
14 광야에서 욕심을 크게 내며 사막에서 하나님을 시험하였도다
15 그러므로 여호와께서는 그들이 요구한 것을 그들에게 주셨을지라도
그들의 영혼은 쇠약하게 하셨도다
16 그들이 진영에서 모세와 여호와의 거룩한 자 아론을 질투하매
17 땅이 갈라져 다단을 삼키며 아비람의 당을 덮었고
18 불이 그들의 당에 붙음이여 화염이 악인들을 살랐도다
19 그들이 호렙에서 송아지를 만들고 부어 만든 우상을 경배하여
20 자기 영광을 풀 먹는 소의 형상으로 바꾸었도다
21 애굽에서 큰일을 행하신 그의 구원자 하나님을 그들이 잊었나니
22 그는 함의 땅에서 기사와 홍해에서 놀랄 만한 일을 행하신 이시로다
23 그러므로 여호와께서 그들을 멸하리라 하셨으나
그가 택하신 모세가 그 어려움 가운데에서 그의 앞에 서서
그의 노를 돌이켜 멸하시지 아니하게 하였도다
24 그들이 그 기쁨의 땅을 멸시하며 그 말씀을 믿지 아니하고
25 그들의 장막에서 원망하며 여호와의 음성을 듣지 아니하였도다

월 일

26 이러므로 그가 그의 손을 들어 그들에게 맹세하기를
그들이 광야에 엎드러지게 하고
27 또 그들의 후손을 뭇 백성 중에 엎드러뜨리며
여러 나라로 흩어지게 하리라 하셨도다
28 그들이 또 브올의 바알과 연합하여 죽은 자에게 제사한 음식을 먹어서
29 그 행위로 주를 격노하게 함으로써 재앙이 그들 중에 크게 유행하였도다
30 그때에 비느하스가 일어서서 중재하니 이에 재앙이 그쳤도다
31 이 일이 그의 의로 인정되었으니 대대로 영원까지로다
32 그들이 또 므리바 물에서 여호와를 노하시게 하였으므로
그들 때문에 재난이 모세에게 이르렀나니
33 이는 그들이 그의 뜻을 거역함으로 말미암아
모세가 그의 입술로 망령되이 말하였음이로다
34 그들은 여호와께서 멸하라고 말씀하신 그 이방 민족들을 멸하지 아니하고
35 그 이방 나라들과 섞여서 그들의 행위를 배우며
36 그들의 우상들을 섬기므로 그것들이 그들에게 올무가 되었도다
37 그들이 그들의 자녀를 악귀들에게 희생제물로 바쳤도다
38 무죄한 피 곧 그들의 자녀의 피를 흘려 가나안의 우상들에게 제사하므로
그 땅이 피로 더러워졌도다

월 일

39 그들은 그들의 행위로 더러워지니 그들의 행동이 음탕하도다
40 그러므로 여호와께서 자기 백성에게 맹렬히 노하시며
자기의 유업을 미워하사
41 그들을 이방 나라의 손에 넘기시매
그들을 미워하는 자들이 그들을 다스렸도다
42 그들이 원수들의 압박을 받고 그들의 수하에 복종하게 되었도다
43 여호와께서 여러 번 그들을 건지시나 그들은 교묘하게 거역하며
자기 죄악으로 말미암아 낮아짐을 당하였도다
44 그러나 여호와께서 그들의 부르짖음을 들으실 때에
그들의 고통을 돌보시며
45 그들을 위하여 그의 언약을 기억하시고
그 크신 인자하심을 따라 뜻을 돌이키사
46 그들을 사로잡은 모든 자에게서 긍휼히 여김을 받게 하셨도다
47 여호와 우리 하나님이여 우리를 구원하사 여러 나라로부터 모으시고
우리가 주의 거룩하신 이름을 감사하며 주의 영예를 찬양하게 하소서
48 여호와 이스라엘의 하나님을 영원부터 영원까지 찬양할지어다
모든 백성들아 아멘 할지어다 할렐루야

월 일

하나님을 잊어버리는 것이 죄의 시작입니다.

이스라엘 백성은 호렙 산에서 금송아지를 만들고
경배함으로 하나님께 큰 죄악을 저질렀습니다.
그들은 그분을 잊었습니다.

시인은 이 반역의 역사를 반면교사 삼아
하나님의 주권과 은혜를 다시금 깨닫습니다.

하나님은 우상숭배 하는 자, 성적으로 타락한 자,
그분의 다스림을 거부한 자에게 진노하십니다.
징계의 회초리를 내리쳐서라도
바른길로 가게 하십니다.

죄와 사망에서 우리를 건지기 위해 행하신
하나님의 열심을 기억하십시오.
그분이 베푸신 구원의 은혜를 늘 감사하십시오.
찾아오셔서 말씀하시는 그분의 사랑을
날마다 경험하십시오.

그 사랑으로 죄와 싸워 나가십시오.

나의 묵상

여호와와 그의 능력을 구할지어다
그의 얼굴을 항상 구할지어다

해 돋는 데에서부터 해 지는 데에까지

여호와의 이름이 찬양을 받으시리로다

시 113:3

시편 107편

제오권

1 여호와께 감사하라 그는 선하시며 그 인자하심이 영원함이로다

2 여호와의 속량을 받은 자들은 이같이 말할지어다
여호와께서 대적의 손에서 그들을 속량하사

3 동서남북 각 지방에서부터 모으셨도다

4 그들이 광야 사막 길에서 방황하며 거주할 성읍을 찾지 못하고

5 주리고 목이 말라 그들의 영혼이 그들 안에서 피곤하였도다

6 이에 그들이 근심 중에 여호와께 부르짖으매 그들의 고통에서 건지시고

7 또 바른길로 인도하사 거주할 성읍에 이르게 하셨도다

8 여호와의 인자하심과 인생에게 행하신 기적으로 말미암아
그를 찬송할지로다

9 그가 사모하는 영혼에게 만족을 주시며
주린 영혼에게 좋은 것으로 채워주심이로다

10 사람이 흑암과 사망의 그늘에 앉으며 곤고와 쇠사슬에 매임은

11 하나님의 말씀을 거역하며 지존자의 뜻을 멸시함이라

12 그러므로 그가 고통을 주어 그들의 마음을 겸손하게 하셨으니
그들이 엎드러져도 돕는 자가 없었도다

13 이에 그들이 그 환난 중에 여호와께 부르짖으매
그들의 고통에서 구원하시되

14 흑암과 사망의 그늘에서 인도하여내시고
그들의 얽어맨 줄을 끊으셨도다

15 여호와의 인자하심과 인생에게 행하신 기적으로 말미암아
그를 찬송할지로다

월 일

16 그가 놋 문을 깨뜨리시며 쇠빗장을 꺾으셨음이로다
17 미련한 자들은 그들의 죄악의 길을 따르고
그들의 악을 범하기 때문에 고난을 받아
18 그들은 그들의 모든 음식물을 싫어하게 되어 사망의 문에 이르렀도다
19 이에 그들이 그들의 고통 때문에 여호와께 부르짖으매
그가 그들의 고통에서 그들을 구원하시되
20 그가 그의 말씀을 보내어 그들을 고치시고
위험한 지경에서 건지시는도다
21 여호와의 인자하심과 인생에게 행하신 기적으로 말미암아
그를 찬송할지로다
22 감사제를 드리며 노래하여 그가 행하신 일을 선포할지로다
23 배들을 바다에 띄우며 큰물에서 일을 하는 자는
24 여호와께서 행하신 일들과 그의 기이한 일들을 깊은 바다에서 보나니
25 여호와께서 명령하신즉 광풍이 일어나 바다 물결을 일으키는도다
26 그들이 하늘로 솟구쳤다가 깊은 곳으로 내려가나니
그 위험 때문에 그들의 영혼이 녹는도다
27 그들이 이리저리 구르며 취한 자같이 비틀거리니
그들의 모든 지각이 혼돈 속에 빠지는도다
28 이에 그들이 그들의 고통 때문에 여호와께 부르짖으매
그가 그들의 고통에서 그들을 인도하여내시고
29 광풍을 고요하게 하사 물결도 잔잔하게 하시는도다

월 일

30 그들이 평온함으로 말미암아 기뻐하는 중에
여호와께서 그들이 바라는 항구로 인도하시는도다
31 여호와의 인자하심과 인생에게 행하신 기적으로 말미암아
그를 찬송할지로다
32 백성의 모임에서 그를 높이며 장로들의 자리에서 그를 찬송할지로다
33 여호와께서는 강이 변하여 광야가 되게 하시며
샘이 변하여 마른 땅이 되게 하시며
34 그 주민의 악으로 말미암아 옥토가 변하여 염전이 되게 하시며
35 또 광야가 변하여 못이 되게 하시며 마른 땅이 변하여 샘물이 되게 하시고
36 주린 자들로 거기에 살게 하사 그들이 거주할 성읍을 준비하게 하시고
37 밭에 파종하며 포도원을 재배하여 풍성한 소출을 거두게 하시며
38 또 복을 주사 그들이 크게 번성하게 하시고
그의 가축이 감소하지 아니하게 하실지라도
39 다시 압박과 재난과 우환을 통하여 그들의 수를 줄이시며 낮추시는도다
40 여호와께서 고관들에게는 능욕을 쏟아부으시고
길 없는 황야에서 유리하게 하시나
41 궁핍한 자는 그의 고통으로부터 건져주시고
그의 가족을 양 떼같이 지켜주시나니
42 정직한 자는 보고 기뻐하며 모든 사악한 자는 자기 입을 봉하리로다
43 지혜 있는 자들은 이러한 일들을 지켜보고
여호와의 인자하심을 깨달으리로다

월 일

시편 108편

다윗의 찬송 시

1 하나님이여 내 마음을 정하였사오니
내가 노래하며 나의 마음을 다하여 찬양하리로다

2 비파야, 수금아, 깰지어다 내가 새벽을 깨우리로다

3 여호와여 내가 만민 중에서 주께 감사하고
뭇 나라 중에서 주를 찬양하오리니

4 주의 인자하심이 하늘보다 높으시며 주의 진실은 궁창에까지 이르나이다

5 하나님이여 주는 하늘 위에 높이 들리시며
주의 영광이 온 땅에서 높임 받으시기를 원하나이다

6 주께서 사랑하시는 자들을 건지시기 위하여
우리에게 응답하사 오른손으로 구원하소서

7 하나님이 그의 성소에서 말씀하시되
내가 기뻐하리라 내가 세겜을 나누며 숙곳 골짜기를 측량하리라

8 길르앗이 내 것이요 므낫세도 내 것이며
에브라임은 내 머리의 투구요 유다는 나의 규이며

9 모압은 내 목욕통이라 에돔에는 내 신발을 벗어 던질지며
블레셋 위에서 내가 외치리라 하셨도다

10 누가 나를 이끌어 견고한 성읍으로 인도해 들이며
누가 나를 에돔으로 인도할꼬

11 하나님이여 주께서 우리를 버리지 아니하셨나이까
하나님이여 주께서 우리의 군대들과 함께 나아가지 아니하시나이다

12 우리를 도와 대적을 치게 하소서 사람의 구원은 헛됨이니이다

13 우리가 하나님을 의지하고 용감히 행하리니
그는 우리의 대적들을 밟으실 자이심이로다

월 일

시편 109편

다윗의 시, 인도자를 따라 부르는 노래

1 내가 찬양하는 하나님이여 잠잠하지 마옵소서

2 그들이 악한 입과 거짓된 입을 열어 나를 치며 속이는 혀로 내게 말하며

3 또 미워하는 말로 나를 두르고 까닭 없이 나를 공격하였음이니이다

4 나는 사랑하나 그들은 도리어 나를 대적하니 나는 기도할 뿐이라

5 그들이 악으로 나의 선을 갚으며 미워함으로 나의 사랑을 갚았사오니

6 악인이 그를 다스리게 하시며 사탄이 그의 오른쪽에 서게 하소서

7 그가 심판을 받을 때에 죄인이 되어 나오게 하시며
그의 기도가 죄로 변하게 하시며

8 그의 연수를 짧게 하시며 그의 직분을 타인이 빼앗게 하시며

9 그의 자녀는 고아가 되고 그의 아내는 과부가 되며

10 그의 자녀들은 유리하며 구걸하고 그들의 황폐한 집을 떠나 빌어먹게 하소서

11 고리대금 하는 자가 그의 소유를 다 빼앗게 하시며
그가 수고한 것을 낯선 사람이 탈취하게 하시며

12 그에게 인애를 베풀 자가 없게 하시며
그의 고아에게 은혜를 베풀 자도 없게 하시며

13 그의 자손이 끊어지게 하시며 후대에 그들의 이름이 지워지게 하소서

14 여호와는 그의 조상들의 죄악을 기억하시며
그의 어머니의 죄를 지워버리지 마시고

15 그 죄악을 항상 여호와 앞에 있게 하사 그들의 기억을 땅에서 끊으소서

16 그가 인자를 베풀 일을 생각하지 아니하고 가난하고 궁핍한 자와
마음이 상한 자를 핍박하여 죽이려 하였기 때문이니이다

월 일

17 그가 저주하기를 좋아하더니 그것이 자기에게 임하고
축복하기를 기뻐하지 아니하더니 복이 그를 멀리 떠났으며
18 또 저주하기를 옷 입듯 하더니 저주가 물같이 그의 몸속으로 들어가며
기름같이 그의 뼈 속으로 들어갔나이다
19 저주가 그에게는 입는 옷 같고 항상 띠는 띠와 같게 하소서
20 이는 나의 대적들이 곧 내 영혼을 대적하여
악담하는 자들이 여호와께 받는 보응이니이다
21 그러나 주 여호와여 주의 이름으로 말미암아 나를 선대하소서
주의 인자하심이 선하시오니 나를 건지소서
22 나는 가난하고 궁핍하여 나의 중심이 상함이니이다
23 나는 석양 그림자같이 지나가고 또 메뚜기같이 불려 가오며
24 금식하므로 내 무릎이 흔들리고 내 육체는 수척하오며
25 나는 또 그들의 비방거리라 그들이 나를 보면 머리를 흔드나이다
26 여호와 나의 하나님이여 나를 도우시며
주의 인자하심을 따라 나를 구원하소서
27 이것이 주의 손이 하신 일인 줄을 그들이 알게 하소서
주 여호와께서 이를 행하셨나이다
28 그들은 내게 저주하여도 주는 내게 복을 주소서
그들은 일어날 때에 수치를 당할지라도 주의 종은 즐거워하리이다
29 나의 대적들이 욕을 옷 입듯 하게 하시며 자기 수치를 겉옷같이 입게 하소서
30 내가 입으로 여호와께 크게 감사하며 많은 사람 중에서 찬송하리니
31 그가 궁핍한 자의 오른쪽에 서사 그의 영혼을 심판하려 하는 자들에게서
구원하실 것임이로다

월 일

대적들이 음모를 꾸미고 다윗을 공격합니다.
다윗은 그들을 사랑했으나 돌아온 건 배신뿐이었습니다.

다윗은 결백을 주장하거나 위로를 구하지 않고
하나님께 나아가 기도합니다.

"그들은 날 저주하여도 나는 기도할 뿐이라!"

그는 기도의 끈을 놓지 않음으로
온유함을 잃지 않았습니다.

나에 대한 사실과 다른 소문이 돌거나 말과 행동으로
상처를 입으면 어떻게 해야 할까요?

악인들이 선을 악으로, 사랑을 미움으로 갚더라도
하나님의 십자가 사랑을 경험한 그리스도인은
선으로 악을 이겨야 합니다(롬 12:21).

당신이 베푼 선이 악으로 돌아올지라도
오늘 다시 선으로, 사랑으로 다가가십시오.

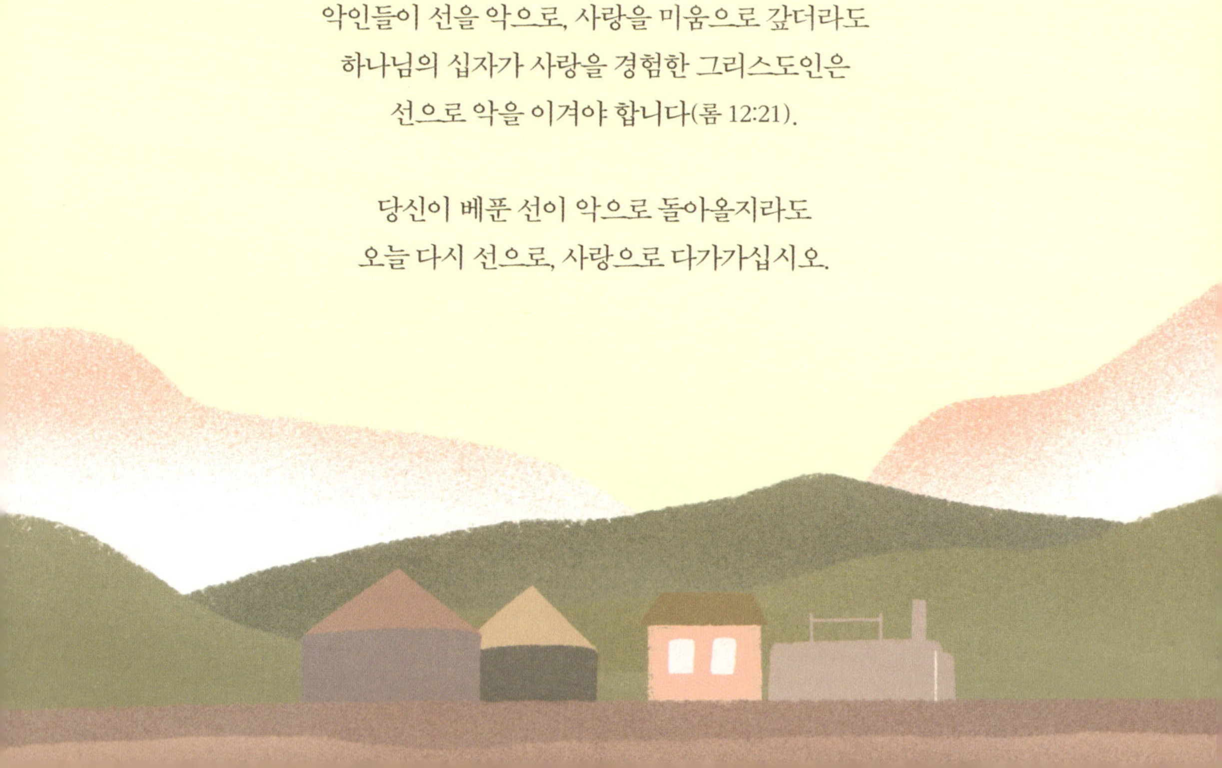

나의 묵상

여호와 나의 하나님이여 나를 도우시며
주의 인자하심을 따라 나를 구원하소서

시편 110편

다윗의 시

1 여호와께서 내 주에게 말씀하시기를
내가 네 원수들로 네 발판이 되게 하기까지
너는 내 오른쪽에 앉아있으라 하셨도다

2 여호와께서 시온에서부터 주의 권능의 규를 내보내시리니
주는 원수들 중에서 다스리소서

3 주의 권능의 날에 주의 백성이
거룩한 옷을 입고 즐거이 헌신하니
새벽이슬 같은 주의 청년들이 주께 나오는도다

4 여호와는 맹세하고 변하지 아니하시리라 이르시기를
너는 멜기세덱의 서열을 따라 영원한 제사장이라 하셨도다

5 주의 오른쪽에 계신 주께서 그의 노하시는 날에
왕들을 쳐서 깨뜨리실 것이라

6 뭇 나라를 심판하여 시체로 가득하게 하시고
여러 나라의 머리를 쳐서 깨뜨리시며

7 길가의 시냇물을 마시므로 그의 머리를 드시리로다

월 일

시편 111편

1 할렐루야, 내가 정직한 자들의 모임과 회중 가운데에서
전심으로 여호와께 감사하리로다

2 여호와께서 행하시는 일들이 크시오니
이를 즐거워하는 자들이 다 기리는도다

3 그의 행하시는 일이 존귀하고 엄위하며
그의 의가 영원히 서있도다

4 그의 기적을 사람이 기억하게 하셨으니
여호와는 은혜로우시고 자비로우시도다

5 여호와께서 자기를 경외하는 자들에게 양식을 주시며
그의 언약을 영원히 기억하시리로다

6 그가 그들에게 뭇 나라의 기업을 주사
그가 행하시는 일의 능력을 그들에게 알리셨도다

7 그의 손이 하는 일은 진실과 정의이며 그의 법도는 다 확실하니

8 영원무궁토록 정하신 바요 진실과 정의로 행하신 바로다

9 여호와께서 그의 백성을 속량하시며 그의 언약을 영원히 세우셨으니
그의 이름이 거룩하고 지존하시도다

10 여호와를 경외함이 지혜의 근본이라
그의 계명을 지키는 자는 다 훌륭한 지각을 가진 자이니
여호와를 찬양함이 영원히 계속되리로다

월 일

시편 112편

1 할렐루야, 여호와를 경외하며
그의 계명을 크게 즐거워하는 자는 복이 있도다

2 그의 후손이 땅에서 강성함이여
정직한 자들의 후손에게 복이 있으리로다

3 부와 재물이 그의 집에 있음이여
그의 공의가 영구히 서있으리로다

4 정직한 자들에게는 흑암 중에 빛이 일어나나니
그는 자비롭고 긍휼이 많으며 의로운 이로다

5 은혜를 베풀며 꾸어주는 자는 잘되나니
그 일을 정의로 행하리로다

6 그는 영원히 흔들리지 아니함이여
의인은 영원히 기억되리로다

7 그는 흉한 소문을 두려워하지 아니함이여
여호와를 의뢰하고 그의 마음을 굳게 정하였도다

8 그의 마음이 견고하여 두려워하지 아니할 것이라
그의 대적들이 받는 보응을 마침내 보리로다

9 그가 재물을 흩어 빈궁한 자들에게 주었으니
그의 의가 영구히 있고 그의 뿔이 영광 중에 들리리로다

10 악인은 이를 보고 한탄하여 이를 갈면서 소멸되리니
악인들의 욕망은 사라지리로다

월 일

시편 113편

1 할렐루야, 여호와의 종들아 찬양하라 여호와의 이름을 찬양하라
2 이제부터 영원까지 여호와의 이름을 찬송할지로다
3 해 돋는 데에서부터 해 지는 데에까지
여호와의 이름이 찬양을 받으시리로다
4 여호와는 모든 나라보다 높으시며 그의 영광은 하늘보다 높으시도다
5 여호와 우리 하나님과 같은 이가 누구리요 높은 곳에 앉으셨으나
6 스스로 낮추사 천지를 살피시고
7 가난한 자를 먼지 더미에서 일으키시며
궁핍한 자를 거름 더미에서 들어 세워
8 지도자들 곧 그의 백성의 지도자들과 함께 세우시며
9 또 임신하지 못하던 여자를 집에 살게 하사
자녀들을 즐겁게 하는 어머니가 되게 하시는도다 할렐루야

시편 114편

1 이스라엘이 애굽에서 나오며 야곱의 집안이 언어가 다른 민족에게서 나올 때에
2 유다는 여호와의 성소가 되고 이스라엘은 그의 영토가 되었도다
3 바다가 보고 도망하며 요단은 물러갔으니
4 산들은 숫양들같이 뛰놀며 작은 산들은 어린 양들같이 뛰었도다
5 바다야 네가 도망함은 어찌함이며 요단아 네가 물러감은 어찌함인가

월 일

6 너희 산들아 숫양들같이 뛰놀며
작은 산들아 어린 양들같이 뛰놂은 어찌함인가
7 땅이여 너는 주 앞 곧 야곱의 하나님 앞에서 떨지어다
8 그가 반석을 쳐서 못물이 되게 하시며 차돌로 샘물이 되게 하셨도다

시편 115편

1 여호와여 영광을 우리에게 돌리지 마옵소서 우리에게 돌리지 마옵소서
오직 주는 인자하시고 진실하시므로 주의 이름에만 영광을 돌리소서
2 어찌하여 뭇 나라가 그들의 하나님이 이제 어디 있느냐 말하게 하리이까
3 오직 우리 하나님은 하늘에 계셔서 원하시는 모든 것을 행하셨나이다
4 그들의 우상들은 은과 금이요 사람이 손으로 만든 것이라
5 입이 있어도 말하지 못하며 눈이 있어도 보지 못하며
6 귀가 있어도 듣지 못하며 코가 있어도 냄새 맡지 못하며
7 손이 있어도 만지지 못하며 발이 있어도 걷지 못하며
목구멍이 있어도 작은 소리조차 내지 못하느니라
8 우상들을 만드는 자들과 그것을 의지하는 자들이 다 그와 같으리로다
9 이스라엘아 여호와를 의지하라
그는 너희의 도움이시요 너희의 방패시로다
10 아론의 집이여 여호와를 의지하라
그는 너희의 도움이시요 너희의 방패시로다

월 일

11 여호와를 경외하는 자들아 너희는 여호와를 의지하여라
그는 너희의 도움이시요 너희의 방패시로다
12 여호와께서 우리를 생각하사 복을 주시되
이스라엘 집에도 복을 주시고 아론의 집에도 복을 주시며
13 높은 사람이나 낮은 사람을 막론하고
여호와를 경외하는 자들에게 복을 주시리로다
14 여호와께서 너희를 곧 너희와 너희의 자손을
더욱 번창하게 하시기를 원하노라
15 너희는 천지를 지으신 여호와께 복을 받는 자로다
16 하늘은 여호와의 하늘이라도 땅은 사람에게 주셨도다
17 죽은 자들은 여호와를 찬양하지 못하나니
적막한 데로 내려가는 자들은 아무도 찬양하지 못하리로다
18 우리는 이제부터 영원까지 여호와를 송축하리로다 할렐루야

월 일

시인은 출애굽의 역사를 회상하며
구원받은 감격을 노래합니다.

홍해가 갈라지고 요단강이 멈추며
시내 산에서 율법을 받을 때
산이 진동했던 일들을 떠올립니다.

무엇보다 하나님이 그들을 구원하시고
그분의 백성 삼아주신 것을
깊은 감격과 감사로 고백합니다.

이 주님이 지금도 살아계셔서
우리의 인생을 주관하시고 인도하십니다.
우리가 죄를 용서받고 하나님의 자녀가 된 것은
전적인 주님의 은혜입니다.

지난날 주님이 당신에게 베풀어주신
구원의 역사와 놀라운 섭리를 돌이켜보십시오.
더욱 하나님을 의지할 수밖에 없을 것입니다.

오늘 시인처럼 구원의 감격을 노래하십시오.

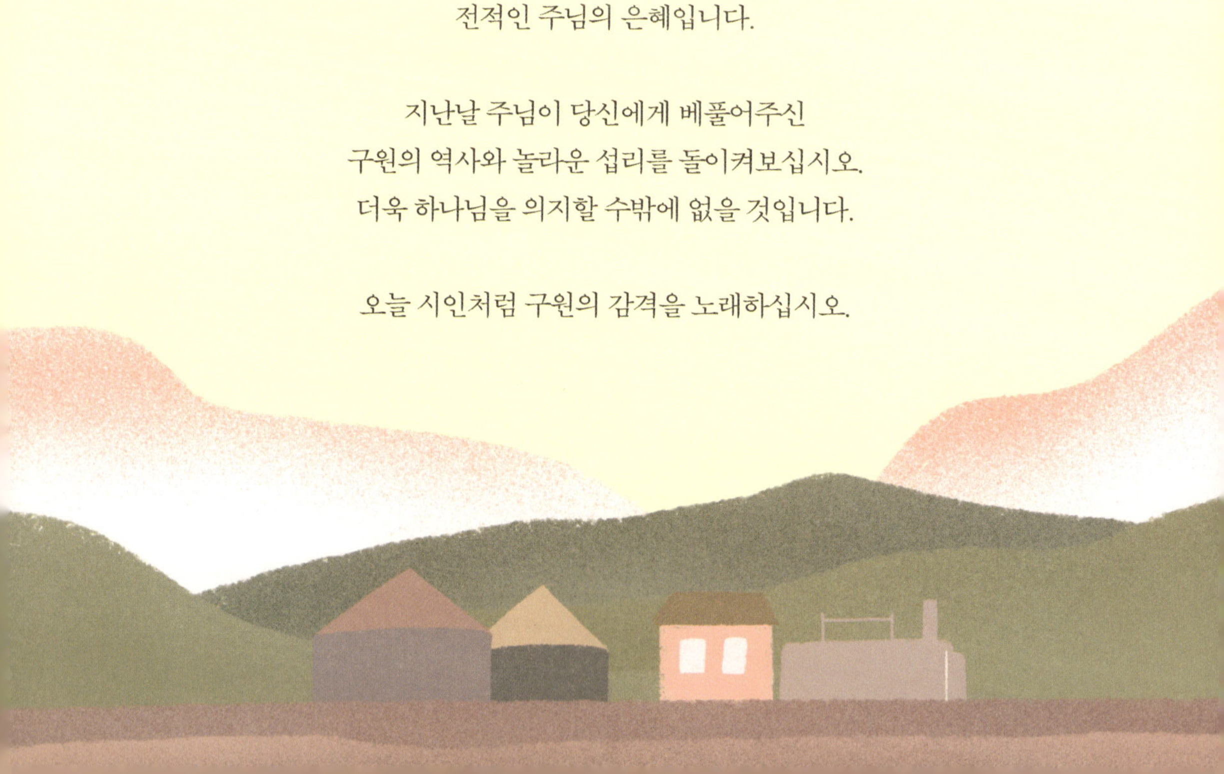

나의 묵상

해 돋는 데에서부터 해 지는 데에 까지
여호와의 이름이 찬양을 받으시리로다

시편 116편

1 여호와께서 내 음성과 내 간구를 들으시므로
내가 그를 사랑하는도다

2 그의 귀를 내게 기울이셨으므로
내가 평생에 기도하리로다

3 사망의 줄이 나를 두르고 스올의 고통이 내게 이르므로
내가 환난과 슬픔을 만났을 때에

4 내가 여호와의 이름으로 기도하기를
여호와여 주께 구하오니 내 영혼을 건지소서 하였도다

5 여호와는 은혜로우시며 의로우시며
우리 하나님은 긍휼이 많으시도다

6 여호와께서는 순진한 자를 지키시나니
내가 어려울 때에 나를 구원하셨도다

7 내 영혼아 네 평안함으로 돌아갈지어다
여호와께서 너를 후대하심이로다

8 주께서 내 영혼을 사망에서, 내 눈을 눈물에서,
내 발을 넘어짐에서 건지셨나이다

9 내가 생명이 있는 땅에서 여호와 앞에 행하리로다

10 내가 크게 고통을 당하였다고 말할 때에도 나는 믿었도다

11 내가 놀라서 이르기를 모든 사람이 거짓말쟁이라 하였도다

월 일

12 내게 주신 모든 은혜를 내가 여호와께 무엇으로 보답할까
13 내가 구원의 잔을 들고 여호와의 이름을 부르며
14 여호와의 모든 백성 앞에서
나는 나의 서원을 여호와께 갚으리로다
15 그의 경건한 자들의 죽음은
여호와께서 보시기에 귀중한 것이로다
16 여호와여 나는 진실로 주의 종이요
주의 여종의 아들 곧 주의 종이라
주께서 나의 결박을 푸셨나이다
17 내가 주께 감사제를 드리고 여호와의 이름을 부르리이다
18 내가 여호와께 서원한 것을 그의 모든 백성이 보는 앞에서 내가 지키리로다
19 예루살렘아, 네 한가운데에서 곧 여호와의 성전 뜰에서 지키리로다 할렐루야

시편 117편

1 너희 모든 나라들아 여호와를 찬양하며
너희 모든 백성들아 그를 찬송할지어다
2 우리에게 향하신 여호와의 인자하심이 크시고
여호와의 진실하심이 영원함이로다 할렐루야

월 일

시편 118편

1 여호와께 감사하라 그는 선하시며 그의 인자하심이 영원함이로다

2 이제 이스라엘은 말하기를 그의 인자하심이 영원하다 할지로다

3 이제 아론의 집은 말하기를 그의 인자하심이 영원하다 할지로다

4 이제 여호와를 경외하는 자는 말하기를
그의 인자하심이 영원하다 할지로다

5 내가 고통 중에 여호와께 부르짖었더니
여호와께서 응답하시고 나를 넓은 곳에 세우셨도다

6 여호와는 내 편이시라 내가 두려워하지 아니하리니 사람이 내게 어찌할까

7 여호와께서 내 편이 되사 나를 돕는 자들 중에 계시니
그러므로 나를 미워하는 자들에게 보응하시는 것을 내가 보리로다

8 여호와께 피하는 것이 사람을 신뢰하는 것보다 나으며

9 여호와께 피하는 것이 고관들을 신뢰하는 것보다 낫도다

10 뭇 나라가 나를 에워쌌으니 내가 여호와의 이름으로 그들을 끊으리로다

11 그들이 나를 에워싸고 에워쌌으니
내가 여호와의 이름으로 그들을 끊으리로다

12 그들이 벌들처럼 나를 에워쌌으나 가시덤불의 불같이 타 없어졌나니
내가 여호와의 이름으로 그들을 끊으리로다

13 너는 나를 밀쳐 넘어뜨리려 하였으나 여호와께서는 나를 도우셨도다

14 여호와는 나의 능력과 찬송이시요 또 나의 구원이 되셨도다

월 일

15 의인들의 장막에는 기쁜 소리, 구원의 소리가 있음이여
여호와의 오른손이 권능을 베푸시며
16 여호와의 오른손이 높이 들렸으며 여호와의 오른손이 권능을 베푸시는도다
17 내가 죽지 않고 살아서 여호와께서 하시는 일을 선포하리로다
18 여호와께서 나를 심히 경책하셨어도 죽음에는 넘기지 아니하셨도다
19 내게 의의 문들을 열지어다 내가 그리로 들어가서 여호와께 감사하리로다
20 이는 여호와의 문이라 의인들이 그리로 들어가리로다
21 주께서 내게 응답하시고 나의 구원이 되셨으니 내가 주께 감사하리이다
22 건축자가 버린 돌이 집 모퉁이의 머릿돌이 되었나니
23 이는 여호와께서 행하신 것이요 우리 눈에 기이한 바로다
24 이날은 여호와께서 정하신 것이라
이날에 우리가 즐거워하고 기뻐하리로다
25 여호와여 구하옵나니 이제 구원하소서
여호와여 우리가 구하옵나니 이제 형통하게 하소서
26 여호와의 이름으로 오는 자가 복이 있음이여
우리가 여호와의 집에서 너희를 축복하였도다
27 여호와는 하나님이시라 그가 우리에게 빛을 비추셨으니
밧줄로 절기 제물을 제단 뿔에 맬지어다
28 주는 나의 하나님이시라 내가 주께 감사하리이다
주는 나의 하나님이시라 내가 주를 높이리이다
29 여호와께 감사하라 그는 선하시며 그의 인자하심이 영원함이로다

월 일

시인은 대적에게 에워싸인 채
고통스러운 시간을 보냅니다.

하나님을 신뢰하지만 당장 눈앞의
비난과 멸시가 그를 두렵게 합니다.

그는 인간의 연약함과 한계를 몸소 경험하며
진정한 위로와 소망은 말씀을 통해
하나님으로부터 주어진다는 사실을 깨닫습니다.

무엇이 당신을 에워싸고 있나요?

우리가 의지할 대상은 하나님 한 분입니다.
그분은 고통받는 백성의 간구에 귀 기울이십니다.

문제에 매몰되거나 어려운 상황을 탓하기보다
눈을 들어 하나님만 바라며 기도하십시오.
그분만을 피난처 삼으십시오.

시인처럼 하나님의 능하신 오른팔을 의지할 때,
그분만이 나의 능력이고 구원이며
찬송이심을 깨달을 것입니다.

나의 묵상

여호와는 내 편이시라
내가 두려워하지 아니하리니
사람이 내게 어찌할까

내가 주의 법을 어찌 그리 사랑하는지요
내가 그것을 종일 작은 소리로 읊조리나이다

시 119:97

시편 119편

1 행위가 온전하여 여호와의 율법을 따라 행하는 자들은 복이 있음이여
2 여호와의 증거들을 지키고 전심으로 여호와를 구하는 자는 복이 있도다
3 참으로 그들은 불의를 행하지 아니하고 주의 도를 행하는도다
4 주께서 명령하사 주의 법도를 잘 지키게 하셨나이다
5 내 길을 굳게 정하사 주의 율례를 지키게 하소서
6 내가 주의 모든 계명에 주의할 때에는 부끄럽지 아니하리이다
7 내가 주의 의로운 판단을 배울 때에는 정직한 마음으로 주께 감사하리이다
8 내가 주의 율례들을 지키오리니 나를 아주 버리지 마옵소서
9 청년이 무엇으로 그의 행실을 깨끗하게 하리이까
주의 말씀만 지킬 따름이니이다
10 내가 전심으로 주를 찾았사오니 주의 계명에서 떠나지 말게 하소서
11 내가 주께 범죄하지 아니하려 하여 주의 말씀을 내 마음에 두었나이다
12 찬송을 받으실 주 여호와여 주의 율례들을 내게 가르치소서
13 주의 입의 모든 규례들을 나의 입술로 선포하였으며
14 내가 모든 재물을 즐거워함같이 주의 증거들의 도를 즐거워하였나이다
15 내가 주의 법도들을 작은 소리로 읊조리며 주의 길들에 주의하며
16 주의 율례들을 즐거워하며 주의 말씀을 잊지 아니하리이다
17 주의 종을 후대하여 살게 하소서 그리하시면 주의 말씀을 지키리이다
18 내 눈을 열어서 주의 율법에서 놀라운 것을 보게 하소서
19 나는 땅에서 나그네가 되었사오니 주의 계명들을 내게 숨기지 마소서
20 주의 규례들을 항상 사모함으로 내 마음이 상하나이다

월 일

21 교만하여 저주를 받으며 주의 계명들에서 떠나는 자들을
주께서 꾸짖으셨나이다
22 내가 주의 교훈들을 지켰사오니 비방과 멸시를 내게서 떠나게 하소서
23 고관들도 앉아서 나를 비방하였사오나
주의 종은 주의 율례들을 작은 소리로 읊조렸나이다
24 주의 증거들은 나의 즐거움이요 나의 충고자니이다
25 내 영혼이 진토에 붙었사오니 주의 말씀대로 나를 살아나게 하소서
26 내가 나의 행위를 아뢰매 주께서 내게 응답하셨사오니
주의 율례들을 내게 가르치소서
27 나에게 주의 법도들의 길을 깨닫게 하여주소서
그리하시면 내가 주의 기이한 일들을 작은 소리로 읊조리리이다
28 나의 영혼이 눌림으로 말미암아 녹사오니 주의 말씀대로 나를 세우소서
29 거짓 행위를 내게서 떠나게 하시고 주의 법을 내게 은혜로이 베푸소서
30 내가 성실한 길을 택하고 주의 규례들을 내 앞에 두었나이다
31 내가 주의 증거들에 매달렸사오니 여호와여 내가 수치를 당하지 말게 하소서
32 주께서 내 마음을 넓히시면 내가 주의 계명들의 길로 달려가리이다
33 여호와여 주의 율례들의 도를 내게 가르치소서 내가 끝까지 지키리이다
34 나로 하여금 깨닫게 하여주소서
내가 주의 법을 준행하며 전심으로 지키리이다
35 나로 하여금 주의 계명들의 길로 행하게 하소서
내가 이를 즐거워함이니이다
36 내 마음을 주의 증거들에게 향하게 하시고 탐욕으로 향하지 말게 하소서

월 일

37 내 눈을 돌이켜 허탄한 것을 보지 말게 하시고
주의 길에서 나를 살아나게 하소서

38 주를 경외하게 하는 주의 말씀을 주의 종에게 세우소서

39 내가 두려워하는 비방을 내게서 떠나게 하소서
주의 규례들은 선하심이니이다

40 내가 주의 법도들을 사모하였사오니 주의 의로 나를 살아나게 하소서

41 여호와여 주의 말씀대로 주의 인자하심과 주의 구원을 내게 임하게 하소서

42 그리하시면 내가 나를 비방하는 자들에게 대답할 말이 있사오리니
내가 주의 말씀을 의지함이니이다

43 진리의 말씀이 내 입에서 조금도 떠나지 말게 하소서
내가 주의 규례를 바랐음이니이다

44 내가 주의 율법을 항상 지키리이다 영원히 지키리이다

45 내가 주의 법도들을 구하였사오니 자유롭게 걸어갈 것이오며

46 또 왕들 앞에서 주의 교훈들을 말할 때에 수치를 당하지 아니하겠사오며

47 내가 사랑하는 주의 계명들을 스스로 즐거워하며

48 또 내가 사랑하는 주의 계명들을 향하여 내 손을 들고
주의 율례들을 작은 소리로 읊조리리이다

49 주의 종에게 하신 말씀을 기억하소서 주께서 내게 소망을 가지게 하셨나이다

50 이 말씀은 나의 고난 중의 위로라 주의 말씀이 나를 살리셨기 때문이니이다

51 교만한 자들이 나를 심히 조롱하였어도 나는 주의 법을 떠나지 아니하였나이다

52 여호와여 주의 옛 규례들을 내가 기억하고 스스로 위로하였나이다

월 일

53 주의 율법을 버린 악인들로 말미암아 내가 맹렬한 분노에 사로잡혔나이다
54 내가 나그네 된 집에서 주의 율례들이 나의 노래가 되었나이다
55 여호와여 내가 밤에 주의 이름을 기억하고 주의 법을 지켰나이다
56 내 소유는 이것이니 곧 주의 법도들을 지킨 것이니이다
57 여호와는 나의 분깃이시니 나는 주의 말씀을 지키리라 하였나이다
58 내가 전심으로 주께 간구하였사오니 주의 말씀대로 내게 은혜를 베푸소서
59 내가 내 행위를 생각하고 주의 증거들을 향하여 내 발길을 돌이켰사오며
60 주의 계명들을 지키기에 신속히 하고 지체하지 아니하였나이다
61 악인들의 줄이 내게 두루 얽혔을지라도 나는 주의 법을 잊지 아니하였나이다
62 내가 주의 의로운 규례들로 말미암아 밤중에 일어나 주께 감사하리이다
63 나는 주를 경외하는 모든 자들과 주의 법도들을 지키는 자들의 친구라
64 여호와여 주의 인자하심이 땅에 충만하였사오니
주의 율례들로 나를 가르치소서
65 여호와여 주의 말씀대로 주의 종을 선대하셨나이다
66 내가 주의 계명들을 믿었사오니 좋은 명철과 지식을 내게 가르치소서
67 고난 당하기 전에는 내가 그릇 행하였더니 이제는 주의 말씀을 지키나이다
68 주는 선하사 선을 행하시오니 주의 율례들로 나를 가르치소서
69 교만한 자들이 거짓을 지어 나를 치려 하였사오나
나는 전심으로 주의 법도들을 지키리이다
70 그들의 마음은 살져서 기름 덩이 같으나 나는 주의 법을 즐거워하나이다
71 고난 당한 것이 내게 유익이라 이로 말미암아
내가 주의 율례들을 배우게 되었나이다

월 일

72 주의 입의 법이 내게는 천천 금은보다 좋으니이다
73 주의 손이 나를 만들고 세우셨사오니
내가 깨달아 주의 계명들을 배우게 하소서
74 주를 경외하는 자들이 나를 보고 기뻐하는 것은
내가 주의 말씀을 바라는 까닭이니이다
75 여호와여 내가 알거니와 주의 심판은 의로우시고
주께서 나를 괴롭게 하심은 성실하심 때문이니이다
76 구하오니 주의 종에게 하신 말씀대로
주의 인자하심이 나의 위안이 되게 하시며
77 주의 긍휼히 여기심이 내게 임하사 내가 살게 하소서
주의 법은 나의 즐거움이니이다
78 교만한 자들이 거짓으로 나를 엎드러뜨렸으니
그들이 수치를 당하게 하소서
나는 주의 법도들을 작은 소리로 읊조리리이다
79 주를 경외하는 자들이 내게 돌아오게 하소서
그리하시면 그들이 주의 증거들을 알리이다
80 내 마음으로 주의 율례들에 완전하게 하사
내가 수치를 당하지 아니하게 하소서
81 나의 영혼이 주의 구원을 사모하기에 피곤하오나
나는 주의 말씀을 바라나이다
82 나의 말이 주께서 언제나 나를 안위하실까 하면서
내 눈이 주의 말씀을 바라기에 피곤하니이다
83 내가 연기 속의 가죽부대같이 되었으나
주의 율례들을 잊지 아니하나이다

월 일

84 주의 종의 날이 얼마나 되나이까
나를 핍박하는 자들을 주께서 언제나 심판하시리이까
85 주의 법을 따르지 아니하는 교만한 자들이
나를 해하려고 웅덩이를 팠나이다
86 주의 모든 계명들은 신실하니이다
그들이 이유 없이 나를 핍박하오니 나를 도우소서
87 그들이 나를 세상에서 거의 멸하였으나
나는 주의 법도들을 버리지 아니하였사오니
88 주의 인자하심을 따라 나를 살아나게 하소서
그리하시면 주의 입의 교훈들을 내가 지키리이다
89 여호와여 주의 말씀은 영원히 하늘에 굳게 섰사오며
90 주의 성실하심은 대대에 이르나이다
주께서 땅을 세우셨으므로 땅이 항상 있사오니
91 천지가 주의 규례들대로 오늘까지 있음은
만물이 주의 종이 된 까닭이니이다
92 주의 법이 나의 즐거움이 되지 아니하였더면
내가 내 고난 중에 멸망하였으리이다
93 내가 주의 법도들을 영원히 잊지 아니하오니
주께서 이것들 때문에 나를 살게 하심이니이다
94 나는 주의 것이오니 나를 구원하소서 내가 주의 법도들만을 찾았나이다
95 악인들이 나를 멸하려고 엿보오나 나는 주의 증거들만을 생각하겠나이다
96 내가 보니 모든 완전한 것이 다 끝이 있어도
주의 계명들은 심히 넓으니이다

월 일

시인은 바깥으로 환난을 당하고
안으로는 탐욕과 헛된 유혹을 받습니다.

그럼에도 주님의 말씀을 즐거이 묵상함으로
어려움을 이겨내겠다고 고백합니다.

환난 때에 말씀을 의지하는 삶이 복된 삶입니다.
특히 청년의 때에 바로 서는 방법은
말씀에 비추어 자신을 돌아보고
빨리 죄에서 돌이키는 것뿐입니다.

혹여 말씀이 눈에 들어오지 않고
귀에 들리지 않나요?

말씀을 멀리할수록
내 욕심, 자아, 세상의 소리가 크게 들리고
비본질적인 것에 시간과 마음을 쏟게 됩니다.

잠든 영을 말씀으로 깨우십시오.
말씀을 즐거이 묵상하십시오.
말씀에 힘입어 끝까지 주의 길을 걸어가십시오.
그것만이 살길입니다.

나의 묵상

내 눈을 돌이켜 허탄한 것을
보지 말게 하시고
주의 길에서 나를 살아나게 하소서

97 내가 주의 법을 어찌 그리 사랑하는지요
내가 그것을 종일 작은 소리로 읊조리나이다

98 주의 계명들이 항상 나와 함께하므로
그것들이 나를 원수보다 지혜롭게 하나이다

99 내가 주의 증거들을 늘 읊조리므로 나의 명철함이 나의 모든 스승보다 나으며

100 주의 법도들을 지키므로 나의 명철함이 노인보다 나으니이다

101 내가 주의 말씀을 지키려고 발을 금하여 모든 악한 길로 가지 아니하였사오며

102 주께서 나를 가르치셨으므로 내가 주의 규례들에서 떠나지 아니하였나이다

103 주의 말씀의 맛이 내게 어찌 그리 단지요 내 입에 꿀보다 더 다니이다

104 주의 법도들로 말미암아 내가 명철하게 되었으므로
모든 거짓 행위를 미워하나이다

105 주의 말씀은 내 발에 등이요 내 길에 빛이니이다

106 주의 의로운 규례들을 지키기로 맹세하고 굳게 정하였나이다

107 나의 고난이 매우 심하오니 여호와여 주의 말씀대로 나를 살아나게 하소서

108 여호와여 구하오니 내 입이 드리는 자원제물을 받으시고
주의 공의를 내게 가르치소서

109 나의 생명이 항상 위기에 있사오나 나는 주의 법을 잊지 아니하나이다

110 악인들이 나를 해하려고 올무를 놓았사오나
나는 주의 법도들에서 떠나지 아니하였나이다

111 주의 증거들로 내가 영원히 나의 기업을 삼았사오니
이는 내 마음의 즐거움이 됨이니이다

112 내가 주의 율례들을 영원히 행하려고 내 마음을 기울였나이다

113 내가 두 마음 품는 자들을 미워하고 주의 법을 사랑하나이다

월 일

114 주는 나의 은신처요 방패시라 내가 주의 말씀을 바라나이다
115 너희 행악자들이여 나를 떠날지어다 나는 내 하나님의 계명들을 지키리로다
116 주의 말씀대로 나를 붙들어 살게 하시고 내 소망이 부끄럽지 않게 하소서
117 나를 붙드소서 그리하시면 내가 구원을 얻고
주의 율례들에 항상 주의하리이다
118 주의 율례들에서 떠나는 자는 주께서 다 멸시하셨으니
그들의 속임수는 허무함이니이다
119 주께서 세상의 모든 악인들을 찌꺼기같이 버리시니
그러므로 내가 주의 증거들을 사랑하나이다
120 내 육체가 주를 두려워함으로 떨며 내가 또 주의 심판을 두려워하나이다
121 내가 정의와 공의를 행하였사오니
나를 박해하는 자들에게 나를 넘기지 마옵소서
122 주의 종을 보증하사 복을 얻게 하시고
교만한 자들이 나를 박해하지 못하게 하소서
123 내 눈이 주의 구원과 주의 의로운 말씀을 사모하기에 피곤하니이다
124 주의 인자하심대로 주의 종에게 행하사 내게 주의 율례들을 가르치소서
125 나는 주의 종이오니 나를 깨닫게 하사 주의 증거들을 알게 하소서
126 그들이 주의 법을 폐하였사오니 지금은 여호와께서 일하실 때니이다
127 그러므로 내가 주의 계명들을 금 곧 순금보다 더 사랑하나이다
128 그러므로 내가 범사에 모든 주의 법도들을 바르게 여기고
모든 거짓 행위를 미워하나이다
129 주의 증거들은 놀라우므로 내 영혼이 이를 지키나이다

월 일

130 주의 말씀을 열면 빛이 비치어 우둔한 사람들을 깨닫게 하나이다
131 내가 주의 계명들을 사모하므로 내가 입을 열고 헐떡였나이다
132 주의 이름을 사랑하는 자들에게 베푸시던 대로
내게 돌이키사 내게 은혜를 베푸소서
133 나의 발걸음을 주의 말씀에 굳게 세우시고
어떤 죄악도 나를 주관하지 못하게 하소서
134 사람의 박해에서 나를 구원하소서
그리하시면 내가 주의 법도들을 지키리이다
135 주의 얼굴을 주의 종에게 비추시고 주의 율례로 나를 가르치소서
136 그들이 주의 법을 지키지 아니하므로 내 눈물이 시냇물같이 흐르나이다
137 여호와여 주는 의로우시고 주의 판단은 옳으니이다
138 주께서 명령하신 증거들은 의롭고 지극히 성실하니이다
139 내 대적들이 주의 말씀을 잊어버렸으므로 내 열정이 나를 삼켰나이다
140 주의 말씀이 심히 순수하므로 주의 종이 이를 사랑하나이다
141 내가 미천하여 멸시를 당하나 주의 법도를 잊지 아니하였나이다
142 주의 의는 영원한 의요 주의 율법은 진리로소이다
143 환난과 우환이 내게 미쳤으나 주의 계명은 나의 즐거움이니이다
144 주의 증거들은 영원히 의로우시니 나로 하여금 깨닫게 하사 살게 하소서
145 여호와여 내가 전심으로 부르짖었사오니 내게 응답하소서
내가 주의 교훈들을 지키리이다
146 내가 주께 부르짖었사오니 나를 구원하소서
내가 주의 증거들을 지키리이다

월 일

147 내가 날이 밝기 전에 부르짖으며 주의 말씀을 바랐사오며
148 주의 말씀을 조용히 읊조리려고 내가 새벽녘에 눈을 떴나이다
149 주의 인자하심을 따라 내 소리를 들으소서
여호와여 주의 규례들을 따라 나를 살리소서
150 악을 따르는 자들이 가까이 왔사오니 그들은 주의 법에서 머니이다
151 여호와여 주께서 가까이 계시오니 주의 모든 계명들은 진리니이다
152 내가 전부터 주의 증거들을 알고 있었으므로
주께서 영원히 세우신 것인 줄을 알았나이다
153 나의 고난을 보시고 나를 건지소서
내가 주의 율법을 잊지 아니함이니이다
154 주께서 나를 변호하시고 나를 구하사 주의 말씀대로 나를 살리소서
155 구원이 악인들에게서 멀어짐은
그들이 주의 율례들을 구하지 아니함이니이다
156 여호와여 주의 긍휼이 많으오니 주의 규례들에 따라 나를 살리소서
157 나를 핍박하는 자들과 나의 대적들이 많으나
나는 주의 증거들에서 떠나지 아니하였나이다
158 주의 말씀을 지키지 아니하는 거짓된 자들을 내가 보고 슬퍼하였나이다
159 내가 주의 법도들을 사랑함을 보옵소서
여호와여 주의 인자하심을 따라 나를 살리소서
160 주의 말씀의 강령은 진리이오니 주의 의로운 모든 규례들은 영원하리이다
161 고관들이 거짓으로 나를 핍박하오나
나의 마음은 주의 말씀만 경외하나이다

월 일

162 사람이 많은 탈취물을 얻은 것처럼
나는 주의 말씀을 즐거워하나이다
163 나는 거짓을 미워하며 싫어하고 주의 율법을 사랑하나이다
164 주의 의로운 규례들로 말미암아
내가 하루 일곱 번씩 주를 찬양하나이다
165 주의 법을 사랑하는 자에게는 큰 평안이 있으니
그들에게 장애물이 없으리이다
166 여호와여 내가 주의 구원을 바라며 주의 계명들을 행하였나이다
167 내 영혼이 주의 증거들을 지켰사오며 내가 이를 지극히 사랑하나이다
168 내가 주의 법도들과 증거들을 지켰사오니
나의 모든 행위가 주 앞에 있음이니이다
169 여호와여 나의 부르짖음이 주의 앞에 이르게 하시고
주의 말씀대로 나를 깨닫게 하소서
170 나의 간구가 주의 앞에 이르게 하시고 주의 말씀대로 나를 건지소서
171 주께서 율례를 내게 가르치시므로 내 입술이 주를 찬양하리이다
172 주의 모든 계명들이 의로우므로 내 혀가 주의 말씀을 노래하리이다
173 내가 주의 법도들을 택하였사오니 주의 손이 항상 나의 도움이 되게 하소서
174 여호와여 내가 주의 구원을 사모하였사오며 주의 율법을 즐거워하나이다
175 내 영혼을 살게 하소서 그리하시면 주를 찬송하리이다
주의 규례들이 나를 돕게 하소서
176 잃은 양같이 내가 방황하오니 주의 종을 찾으소서
내가 주의 계명들을 잊지 아니함이니이다

월 일

고난 속 시인의 상황은 변함없지만
그의 마음에는 평안과 기쁨이,
입술에는 찬양이 가득합니다.

힘겨운 상황에 절망하기보다
구원을 약속하신 주님을 신뢰하기 때문입니다.

시인은 말씀을 통해 죄를 떠나게 하시고,
고통 속에서 기쁨을 주시고,
남을 비방하던 입술로 주님을 찬양하게 하시고,
위로와 소망을 주신 하나님께 찬양을 올려드립니다.

지금 고난 중에 있나요?

하나님의 손이 당신을 돕고 계심을,
반드시 건져주실 것을 믿으십시오.
고난 너머 하나님의 뜻을 구하며
신실하신 그분을 신뢰하십시오.

샬롬의 이유는 '신뢰'입니다.

나의 묵상

내가 주의 법을 어찌 그리 사랑하는지요
내가 그것을 종일 작은 소리로 읊조리나이다

시편 120편

성전에 올라가는 노래

1 내가 환난 중에 여호와께 부르짖었더니 내게 응답하셨도다

2 여호와여 거짓된 입술과 속이는 혀에서 내 생명을 건져주소서

3 너 속이는 혀여 무엇을 네게 주며 무엇을 네게 더할꼬

4 장사의 날카로운 화살과 로뎀 나무 숯불이리로다

5 메섹에 머물며 게달의 장막 중에 머무는 것이 내게 화로다

6 내가 화평을 미워하는 자들과 함께 오래 거주하였도다

7 나는 화평을 원할지라도 내가 말할 때에 그들은 싸우려 하는도다

시편 121편

성전에 올라가는 노래

1 내가 산을 향하여 눈을 들리라 나의 도움이 어디서 올까

2 나의 도움은 천지를 지으신 여호와에게서로다

3 여호와께서 너를 실족하지 아니하게 하시며
너를 지키시는 이가 졸지 아니하시리로다

4 이스라엘을 지키시는 이는 졸지도 아니하시고 주무시지도 아니하시리로다

5 여호와는 너를 지키시는 이시라
여호와께서 네 오른쪽에서 네 그늘이 되시나니

6 낮의 해가 너를 상하게 하지 아니하며 밤의 달도 너를 해치지 아니하리로다

7 여호와께서 너를 지켜 모든 환난을 면하게 하시며 또 네 영혼을 지키시리로다

8 여호와께서 너의 출입을 지금부터 영원까지 지키시리로다

월 일

시편 122편

다윗의 시 곧 성전에 올라가는 노래

1 사람이 내게 말하기를 여호와의 집에 올라가자 할 때에 내가 기뻐하였도다

2 예루살렘아 우리 발이 네 성문 안에 섰도다

3 예루살렘아 너는 잘 짜여진 성읍과 같이 건설되었도다

4 지파들 곧 여호와의 지파들이 여호와의 이름에 감사하려고
이스라엘의 전례대로 그리로 올라가는도다

5 거기에 심판의 보좌를 두셨으니 곧 다윗의 집의 보좌로다

6 예루살렘을 위하여 평안을 구하라 예루살렘을 사랑하는 자는 형통하리로다

7 네 성안에는 평안이 있고 네 궁중에는 형통함이 있을지어다

8 내가 내 형제와 친구를 위하여 이제 말하리니 네 가운데에 평안이 있을지어다

9 여호와 우리 하나님의 집을 위하여 내가 너를 위하여 복을 구하리로다

시편 123편

성전에 올라가는 노래

1 하늘에 계시는 주여 내가 눈을 들어 주께 향하나이다

2 상전의 손을 바라보는 종들의 눈같이, 여주인의 손을 바라보는 여종의 눈같이
우리의 눈이 여호와 우리 하나님을 바라보며
우리에게 은혜 베풀어주시기를 기다리나이다

3 여호와여 우리에게 은혜를 베푸시고 또 은혜를 베푸소서
심한 멸시가 우리에게 넘치나이다

4 안일한 자의 조소와 교만한 자의 멸시가 우리 영혼에 넘치나이다

월 일

시편 124편

다윗의 시 곧 성전에 올라가는 노래

1 이스라엘은 이제 말하기를
여호와께서 우리 편에 계시지 아니하셨더라면 우리가 어떻게 하였으랴

2 사람들이 우리를 치러 일어날 때에
여호와께서 우리 편에 계시지 아니하셨더라면

3 그때에 그들의 노여움이 우리에게 맹렬하여
우리를 산 채로 삼켰을 것이며

4 그때에 물이 우리를 휩쓸며
시내가 우리 영혼을 삼켰을 것이며

5 그때에 넘치는 물이 우리 영혼을 삼켰을 것이라 할 것이로다

6 우리를 내주어 그들의 이에 씹히지 아니하게 하신 여호와를 찬송할지로다

7 우리의 영혼이 사냥꾼의 올무에서 벗어난 새같이 되었나니
올무가 끊어지므로 우리가 벗어났도다

8 우리의 도움은 천지를 지으신 여호와의 이름에 있도다

월 일

시편 125편

성전에 올라가는 노래

1 여호와를 의지하는 자는 시온 산이 흔들리지 아니하고 영원히 있음 같도다

2 산들이 예루살렘을 두름과 같이 여호와께서 그의 백성을
지금부터 영원까지 두르시리로다

3 악인의 규가 의인들의 땅에서는 그 권세를 누리지 못하리니
이는 의인들로 하여금 죄악에 손을 대지 아니하게 함이로다

4 여호와여 선한 자들과 마음이 정직한 자들에게 선대하소서

5 자기의 굽은 길로 치우치는 자들은 여호와께서 죄를 범하는 자들과
함께 다니게 하시리로다 이스라엘에게는 평강이 있을지어다

시편 126편

성전에 올라가는 노래

1 여호와께서 시온의 포로를 돌려보내실 때에 우리는 꿈꾸는 것 같았도다

2 그때에 우리 입에는 웃음이 가득하고 우리 혀에는 찬양이 찼었도다
그때에 뭇 나라 가운데에서 말하기를
여호와께서 그들을 위하여 큰일을 행하셨다 하였도다

3 여호와께서 우리를 위하여 큰일을 행하셨으니 우리는 기쁘도다

4 여호와여 우리의 포로를 남방 시내들같이 돌려보내소서

5 눈물을 흘리며 씨를 뿌리는 자는 기쁨으로 거두리로다

6 울며 씨를 뿌리러 나가는 자는 반드시 기쁨으로
그 곡식 단을 가지고 돌아오리로다

월 일

시편 127편

솔로몬의 시 곧 성전에 올라가는 노래

1 여호와께서 집을 세우지 아니하시면 세우는 자의 수고가 헛되며
여호와께서 성을 지키지 아니하시면 파수꾼의 깨어있음이 헛되도다

2 너희가 일찍이 일어나고 늦게 누우며 수고의 떡을 먹음이 헛되도다
그러므로 여호와께서 그의 사랑하시는 자에게는 잠을 주시는도다

3 보라 자식들은 여호와의 기업이요 태의 열매는 그의 상급이로다

4 젊은 자의 자식은 장사의 수중의 화살 같으니

5 이것이 그의 화살통에 가득한 자는 복되도다
그들이 성문에서 그들의 원수와 담판할 때에 수치를 당하지 아니하리로다

시편 128편

성전에 올라가는 노래

1 여호와를 경외하며 그의 길을 걷는 자마다 복이 있도다

2 네가 네 손이 수고한 대로 먹을 것이라 네가 복되고 형통하리로다

3 네 집 안방에 있는 네 아내는 결실한 포도나무 같으며
네 식탁에 둘러앉은 자식들은 어린 감람나무 같으리로다

4 여호와를 경외하는 자는 이같이 복을 얻으리로다

5 여호와께서 시온에서 네게 복을 주실지어다
너는 평생에 예루살렘의 번영을 보며

6 네 자식의 자식을 볼지어다 이스라엘에게 평강이 있을지로다

월 일

시편 129편

성전에 올라가는 노래

1 이스라엘은 이제 말하기를
그들이 내가 어릴 때부터 여러 번 나를 괴롭혔도다
2 그들이 내가 어릴 때부터 여러 번 나를 괴롭혔으나
나를 이기지 못하였도다
3 밭 가는 자들이 내 등을 갈아 그 고랑을 길게 지었도다
4 여호와께서는 의로우사 악인들의 줄을 끊으셨도다
5 무릇 시온을 미워하는 자들은 수치를 당하여 물러갈지어다
6 그들은 지붕의 풀과 같을지어다 그것은 자라기 전에 마르는 것이라
7 이런 것은 베는 자의 손과 묶는 자의 품에 차지 아니하나니
8 지나가는 자들도 여호와의 복이 너희에게 있을지어다 하거나
우리가 여호와의 이름으로 너희에게 축복한다 하지 아니하느니라

월 일

인간이 내면의 공허를 채우려 아무리 노력해도
분명 채워지지 않는 영역이 있습니다.
그럴수록 더욱 짙은 공허만 남지요.

시인은 우리에게 교훈합니다.

"인생의 생사화복은
하나님의 주권에 달려있다.
겸손히 그분만 의지하라!"

우리는 하나님 안에서만
진정한 성취를 맛볼 수 있습니다.
그분 안에서만 영혼이 안전하고 평안합니다.

당신의 인생을 주님께 맡겨드리십시오.

그분과 상관없는 모든 열심과
헛된 노력을 멈추고 고백하십시오.

"하나님이 내 인생의 주인이십니다.
겸손히 당신만 따르겠습니다."

나의 묵상

우리의 도움은 천지를 지으신
여호와의 이름에 있도다

아침에 나로 하여금 주의 인자한 말씀을 듣게 하소서

내가 주를 의뢰함이니이다 내가 다닐 길을 알게 하소서

내가 내 영혼을 주께 드림이니이다

시 143:8

시편 130편

성전에 올라가는 노래

1 여호와여 내가 깊은 곳에서 주께 부르짖었나이다

2 주여 내 소리를 들으시며 나의 부르짖는 소리에 귀를 기울이소서

3 여호와여 주께서 죄악을 지켜보실진대 주여 누가 서리이까

4 그러나 사유하심이 주께 있음은 주를 경외하게 하심이니이다

5 나 곧 내 영혼은 여호와를 기다리며 나는 주의 말씀을 바라는도다

6 파수꾼이 아침을 기다림보다 내 영혼이 주를 더 기다리나니
참으로 파수꾼이 아침을 기다림보다 더하도다

7 이스라엘아 여호와를 바랄지어다
여호와께서는 인자하심과 풍성한 속량이 있음이라

8 그가 이스라엘을 그의 모든 죄악에서 속량하시리로다

시편 131편

다윗의 시 곧 성전에 올라가는 노래

1 여호와여 내 마음이 교만하지 아니하고 내 눈이 오만하지 아니하오며
내가 큰일과 감당하지 못할 놀라운 일을 하려고 힘쓰지 아니하나이다

2 실로 내가 내 영혼으로 고요하고 평온하게 하기를 젖 뗀 아이가
그의 어머니 품에 있음 같게 하였나니 내 영혼이 젖 뗀 아이와 같도다

3 이스라엘아 지금부터 영원까지 여호와를 바랄지어다

월　　일

시편 132편

성전에 올라가는 노래

1 여호와여 다윗을 위하여 그의 모든 겸손을 기억하소서

2 그가 여호와께 맹세하며 야곱의 전능자에게 서원하기를

3 내가 내 장막 집에 들어가지 아니하며 내 침상에 오르지 아니하고

4 내 눈으로 잠들게 하지 아니하며 내 눈꺼풀로 졸게 하지 아니하기를

5 여호와의 처소 곧 야곱의 전능자의 성막을 발견하기까지 하리라 하였나이다

6 우리가 그것이 에브라다에 있다 함을 들었더니 나무 밭에서 찾았도다

7 우리가 그의 계신 곳으로 들어가서 그의 발등상 앞에서 엎드려 예배하리로다

8 여호와여 일어나사 주의 권능의 궤와 함께 평안한 곳으로 들어가소서

9 주의 제사장들은 의를 옷 입고 주의 성도들은 즐거이 외칠지어다

10 주의 종 다윗을 위하여 주의 기름부음 받은 자의 얼굴을 외면하지 마옵소서

11 여호와께서 다윗에게 성실히 맹세하셨으니 변하지 아니하실지라
이르시기를 네 몸의 소생을 네 왕위에 둘지라

12 네 자손이 내 언약과 그들에게 교훈하는 내 증거를 지킬진대
그들의 후손도 영원히 네 왕위에 앉으리라 하셨도다

13 여호와께서 시온을 택하시고 자기 거처를 삼고자 하여 이르시기를

14 이는 내가 영원히 쉴 곳이라 내가 여기 거주할 것은 이를 원하였음이로다

15 내가 이 성의 식료품에 풍족히 복을 주고 떡으로 그 빈민을 만족하게 하리로다

16 내가 그 제사장들에게 구원을 옷 입히리니 그 성도들은 즐거이 외치리로다

월 일

17 내가 거기서 다윗에게 뿔이 나게 할 것이라
내가 내 기름부음 받은 자를 위하여 등을 준비하였도다
18 내가 그의 원수에게는 수치를 옷 입히고
그에게는 왕관이 빛나게 하리라 하셨도다

시편 133편

다윗의 시 곧 성전에 올라가는 노래

1 보라 형제가 연합하여 동거함이 어찌 그리 선하고 아름다운고
2 머리에 있는 보배로운 기름이 수염 곧 아론의 수염에 흘러서
그의 옷깃까지 내림 같고
3 헐몬의 이슬이 시온의 산들에 내림 같도다
거기서 여호와께서 복을 명령하셨나니 곧 영생이로다

시편 134편

성전에 올라가는 노래

1 보라 밤에 여호와의 성전에 서있는 여호와의 모든 종들아 여호와를 송축하라
2 성소를 향하여 너희 손을 들고 여호와를 송축하라
3 천지를 지으신 여호와께서 시온에서 네게 복을 주실지어다

월 일

시편 135편

1 할렐루야 여호와의 이름을 찬송하라 여호와의 종들아 찬송하라
2 여호와의 집 우리 여호와의 성전 곧 우리 하나님의 성전 뜰에 서있는 너희여
3 여호와를 찬송하라 여호와는 선하시며 그의 이름이 아름다우니
그의 이름을 찬양하라
4 여호와께서 자기를 위하여 야곱 곧 이스라엘을
자기의 특별한 소유로 택하셨음이로다
5 내가 알거니와 여호와께서는 위대하시며
우리 주는 모든 신들보다 위대하시도다
6 여호와께서 그가 기뻐하시는 모든 일을
천지와 바다와 모든 깊은 데서 다 행하셨도다
7 안개를 땅끝에서 일으키시며 비를 위하여 번개를 만드시며
바람을 그 곳간에서 내시는도다
8 그가 애굽의 처음 난 자를 사람부터 짐승까지 치셨도다
9 애굽이여 여호와께서 네게 행한 표적들과 징조들을
바로와 그의 모든 신하들에게 보내셨도다
10 그가 많은 나라를 치시고 강한 왕들을 죽이셨나니
11 곧 아모리인의 왕 시혼과 바산 왕 옥과 가나안의 모든 국왕이로다
12 그들의 땅을 기업으로 주시되 자기 백성 이스라엘에게 기업으로 주셨도다
13 여호와여 주의 이름이 영원하시니이다
여호와여 주를 기념함이 대대에 이르리이다
14 여호와께서 자기 백성을 판단하시며
그의 종들로 말미암아 위로를 받으시리로다
15 열국의 우상은 은금이요 사람의 손으로 만든 것이라
16 입이 있어도 말하지 못하며 눈이 있어도 보지 못하며

월 일

17 귀가 있어도 듣지 못하며 그들의 입에는 아무 호흡도 없나니

18 그것을 만든 자와 그것을 의지하는 자가 다 그것과 같으리로다

19 이스라엘 족속아 여호와를 송축하라 아론의 족속아 여호와를 송축하라

20 레위 족속아 여호와를 송축하라
여호와를 경외하는 너희들아 여호와를 송축하라

21 예루살렘에 계시는 여호와는 시온에서 찬송을 받으실지어다 할렐루야

시편 136편

1 여호와께 감사하라 그는 선하시며 그 인자하심이 영원함이로다

2 신들 중에 뛰어난 하나님께 감사하라 그 인자하심이 영원함이로다

3 주들 중에 뛰어난 주께 감사하라 그 인자하심이 영원함이로다

4 홀로 큰 기이한 일들을 행하시는 이에게 감사하라
그 인자하심이 영원함이로다

5 지혜로 하늘을 지으신 이에게 감사하라 그 인자하심이 영원함이로다

6 땅을 물 위에 펴신 이에게 감사하라 그 인자하심이 영원함이로다

7 큰 빛들을 지으신 이에게 감사하라 그 인자하심이 영원함이로다

8 해로 낮을 주관하게 하신 이에게 감사하라 그 인자하심이 영원함이로다

9 달과 별들로 밤을 주관하게 하신 이에게 감사하라
그 인자하심이 영원함이로다

월 일

10 애굽의 장자를 치신 이에게 감사하라 그 인자하심이 영원함이로다

11 이스라엘을 그들 중에서 인도하여내신 이에게 감사하라
그 인자하심이 영원함이로다

12 강한 손과 펴신 팔로 인도하여내신 이에게 감사하라
그 인자하심이 영원함이로다

13 홍해를 가르신 이에게 감사하라 그 인자하심이 영원함이로다

14 이스라엘을 그 가운데로 통과하게 하신 이에게 감사하라
그 인자하심이 영원함이로다

15 바로와 그의 군대를 홍해에 엎드러뜨리신 이에게 감사하라
그 인자하심이 영원함이로다

16 그의 백성을 인도하여 광야를 통과하게 하신 이에게 감사하라
그 인자하심이 영원함이로다

17 큰 왕들을 치신 이에게 감사하라 그 인자하심이 영원함이로다

18 유명한 왕들을 죽이신 이에게 감사하라 그 인자하심이 영원함이로다

19 아모리인의 왕 시혼을 죽이신 이에게 감사하라
그 인자하심이 영원함이로다

20 바산 왕 옥을 죽이신 이에게 감사하라 그 인자하심이 영원함이로다

21 그들의 땅을 기업으로 주신 이에게 감사하라 그 인자하심이 영원함이로다

22 곧 그 종 이스라엘에게 기업으로 주신 이에게 감사하라
그 인자하심이 영원함이로다

23 우리를 비천한 가운데에서도 기억해주신 이에게 감사하라
그 인자하심이 영원함이로다

월 일

24 우리를 우리의 대적에게서 건지신 이에게 감사하라
그 인자하심이 영원함이로다
25 모든 육체에게 먹을 것을 주신 이에게 감사하라
그 인자하심이 영원함이로다
26 하늘의 하나님께 감사하라 그 인자하심이 영원함이로다

시편 137편

1 우리가 바벨론의 여러 강변 거기에 앉아서 시온을 기억하며 울었도다
2 그중의 버드나무에 우리가 우리의 수금을 걸었나니
3 이는 우리를 사로잡은 자가 거기서 우리에게 노래를 청하며
우리를 황폐하게 한 자가 기쁨을 청하고 자기들을 위하여
시온의 노래 중 하나를 노래하라 함이로다
4 우리가 이방 땅에서 어찌 여호와의 노래를 부를까
5 예루살렘아 내가 너를 잊을진대 내 오른손이 그의 재주를 잊을지로다
6 내가 예루살렘을 기억하지 아니하거나 내가 가장 즐거워하는 것보다
더 즐거워하지 아니할진대 내 혀가 내 입천장에 붙을지로다
7 여호와여 예루살렘이 멸망하던 날을 기억하시고 에돔 자손을 치소서
그들의 말이 헐어버리라 헐어버리라 그 기초까지 헐어버리라 하였나이다
8 멸망할 딸 바벨론아 네가 우리에게 행한 대로
네게 갚는 자가 복이 있으리로다
9 네 어린 것들을 바위에 메어치는 자는 복이 있으리로다

월 일

이스라엘 곳곳에 백성들이
하나님을 예배하기 위해 모입니다.
함께 경배하는 모습이 얼마나 아름다운지요!

하나님은 당신의 자녀들이
한마음 한뜻으로 예배하길 원하십니다.
그러므로 형제자매가 '연합'하는 곳에
그분의 은혜가 풍성히 임합니다.

"평안의 매는 줄로 성령이
하나 되게 하신 것을 힘써 지키라"(엡 4:3).

교회와 공동체는 그리스도의 은혜를 깊이 깨닫고
하나님의 사랑으로 서로 사랑해야 합니다.

당신의 가정과 공동체가 연합의 비밀을 깨달아
생명력 있는 공동체가 되기를 더욱 기도하십시오.

사랑으로 하나 되어 향기로운 예배를 올려드리길
온 맘 다해 축복합니다.

나의 묵상

나 곧 내 영혼은 여호와를 기다리며
나는 주의 말씀을 바라는도다

시편 138편

다윗의 시

1 내가 전심으로 주께 감사하며 신들 앞에서 주께 찬송하리이다

2 내가 주의 성전을 향하여 예배하며
주의 인자하심과 성실하심으로 말미암아 주의 이름에 감사하오리니
이는 주께서 주의 말씀을 주의 모든 이름보다 높게 하셨음이라

3 내가 간구하는 날에 주께서 응답하시고
내 영혼에 힘을 주어 나를 강하게 하셨나이다

4 여호와여 세상의 모든 왕들이 주께 감사할 것은
그들이 주의 입의 말씀을 들음이오며

5 그들이 여호와의 도를 노래할 것은 여호와의 영광이 크심이니이다

6 여호와께서는 높이 계셔도 낮은 자를 굽어살피시며
멀리서도 교만한 자를 아심이니이다

7 내가 환난 중에 다닐지라도 주께서 나를 살아나게 하시고
주의 손을 펴사 내 원수들의 분노를 막으시며
주의 오른손이 나를 구원하시리이다

8 여호와께서 나를 위하여 보상해주시리이다
여호와여 주의 인자하심이 영원하오니
주의 손으로 지으신 것을 버리지 마옵소서

월 일

시편 139편

다윗의 시, 인도자를 따라 부르는 노래

1 여호와여 주께서 나를 살펴보셨으므로 나를 아시나이다

2 주께서 내가 앉고 일어섬을 아시고
멀리서도 나의 생각을 밝히 아시오며

3 나의 모든 길과 내가 눕는 것을 살펴보셨으므로
나의 모든 행위를 익히 아시오니

4 여호와여 내 혀의 말을 알지 못하시는 것이 하나도 없으시니이다

5 주께서 나의 앞뒤를 둘러싸시고 내게 안수하셨나이다

6 이 지식이 내게 너무 기이하니 높아서 내가 능히 미치지 못하나이다

7 내가 주의 영을 떠나 어디로 가며 주의 앞에서 어디로 피하리이까

8 내가 하늘에 올라갈지라도 거기 계시며
스올에 내 자리를 펼지라도 거기 계시니이다

9 내가 새벽 날개를 치며 바다 끝에 가서 거주할지라도

10 거기서도 주의 손이 나를 인도하시며
주의 오른손이 나를 붙드시리이다

11 내가 혹시 말하기를 흑암이 반드시 나를 덮고
나를 두른 빛은 밤이 되리라 할지라도

12 주에게서는 흑암이 숨기지 못하며 밤이 낮과 같이 비추이나니
주에게는 흑암과 빛이 같음이니이다

13 주께서 내 내장을 지으시며 나의 모태에서 나를 만드셨나이다

월 일

14 내가 주께 감사하옴은 나를 지으심이 심히 기묘하심이라
주께서 하시는 일이 기이함을 내 영혼이 잘 아나이다

15 내가 은밀한 데서 지음을 받고 땅의 깊은 곳에서 기이하게 지음을 받은 때에
나의 형체가 주의 앞에 숨겨지지 못하였나이다

16 내 형질이 이루어지기 전에 주의 눈이 보셨으며
나를 위하여 정한 날이 하루도 되기 전에
주의 책에 다 기록이 되었나이다

17 하나님이여 주의 생각이 내게 어찌 그리 보배로우신지요
그 수가 어찌 그리 많은지요

18 내가 세려고 할지라도 그 수가 모래보다 많도소이다
내가 깰 때에도 여전히 주와 함께 있나이다

19 하나님이여 주께서 반드시 악인을 죽이시리이다
피 흘리기를 즐기는 자들아 나를 떠날지어다

20 그들이 주를 대하여 악하게 말하며
주의 원수들이 주의 이름으로 헛되이 맹세하나이다

21 여호와여 내가 주를 미워하는 자들을 미워하지 아니하오며
주를 치러 일어나는 자들을 미워하지 아니하나이까

22 내가 그들을 심히 미워하니 그들은 나의 원수들이니이다

23 하나님이여 나를 살피사 내 마음을 아시며
나를 시험하사 내 뜻을 아옵소서

24 내게 무슨 악한 행위가 있나 보시고 나를 영원한 길로 인도하소서

월 일

시편 140편

다윗의 시, 인도자를 따라 부르는 노래

1 여호와여 악인에게서 나를 건지시며 포악한 자에게서 나를 보전하소서

2 그들이 마음속으로 악을 꾀하고 싸우기 위하여 매일 모이오며

3 뱀같이 그 혀를 날카롭게 하니 그 입술 아래에는 독사의 독이 있나이다 (셀라)

4 여호와여 나를 지키사 악인의 손에 빠지지 않게 하시며 나를 보전하사
포악한 자에게서 벗어나게 하소서 그들은 나의 걸음을 밀치려 하나이다

5 교만한 자가 나를 해하려고 올무와 줄을 놓으며
길 곁에 그물을 치며 함정을 두었나이다 (셀라)

6 내가 여호와께 말하기를 주는 나의 하나님이시니
여호와여 나의 간구하는 소리에 귀를 기울이소서 하였나이다

7 내 구원의 능력이신 주 여호와여
전쟁의 날에 주께서 내 머리를 가려주셨나이다

8 여호와여 악인의 소원을 허락하지 마시며 그의 악한 꾀를
이루지 못하게 하소서 그들이 스스로 높일까 하나이다 (셀라)

9 나를 에워싸는 자들이 그들의 머리를 들 때에
그들의 입술의 재난이 그들을 덮게 하소서

10 뜨거운 숯불이 그들 위에 떨어지게 하시며 불 가운데와 깊은 웅덩이에
그들로 하여금 빠져 다시 일어나지 못하게 하소서

11 악담하는 자는 세상에서 굳게 서지 못하며
포악한 자는 재앙이 따라서 패망하게 하리이다

12 내가 알거니와 여호와는 고난 당하는 자를 변호해주시며
궁핍한 자에게 정의를 베푸시리이다

13 진실로 의인들이 주의 이름에 감사하며
정직한 자들이 주의 앞에서 살리이다

시편 141편

다윗의 시

1 여호와여 내가 주를 불렀사오니 속히 내게 오시옵소서
내가 주께 부르짖을 때에 내 음성에 귀를 기울이소서
2 나의 기도가 주의 앞에 분향함과 같이 되며
나의 손 드는 것이 저녁 제사같이 되게 하소서
3 여호와여 내 입에 파수꾼을 세우시고 내 입술의 문을 지키소서
4 내 마음이 악한 일에 기울어 죄악을 행하는 자들과 함께
악을 행하지 말게 하시며 그들의 진수성찬을 먹지 말게 하소서
5 의인이 나를 칠지라도 은혜로 여기며
책망할지라도 머리의 기름같이 여겨서
내 머리가 이를 거절하지 아니할지라
그들의 재난 중에도 내가 항상 기도하리로다
6 그들의 재판관들이 바위 곁에 내려 던져졌도다
내 말이 달므로 무리가 들으리로다
7 사람이 밭 갈아 흙을 부스러뜨림같이
우리의 해골이 스올 입구에 흩어졌도다
8 주 여호와여 내 눈이 주께 향하며 내가 주께 피하오니
내 영혼을 빈궁한 대로 버려두지 마옵소서
9 나를 지키사 그들이 나를 잡으려고 놓은 올무와
악을 행하는 자들의 함정에서 벗어나게 하옵소서
10 악인은 자기 그물에 걸리게 하시고 나만은 온전히 면하게 하소서

월 일

시편 142편

다윗이 굴에 있을 때에 지은 마스길 곧 기도

1 내가 소리 내어 여호와께 부르짖으며
소리 내어 여호와께 간구하는도다

2 내가 내 원통함을 그의 앞에 토로하며
내 우환을 그의 앞에 진술하는도다

3 내 영이 내 속에서 상할 때에도 주께서 내 길을 아셨나이다
내가 가는 길에 그들이 나를 잡으려고 올무를 숨겼나이다

4 오른쪽을 살펴보소서 나를 아는 이도 없고 나의 피난처도 없고
내 영혼을 돌보는 이도 없나이다

5 여호와여 내가 주께 부르짖어 말하기를 주는 나의 피난처시요
살아있는 사람들의 땅에서 나의 분깃이시라 하였나이다

6 나의 부르짖음을 들으소서 나는 심히 비천하니이다
나를 핍박하는 자들에게서 나를 건지소서 그들은 나보다 강하니이다

7 내 영혼을 옥에서 이끌어내사 주의 이름을 감사하게 하소서
주께서 나에게 갚아주시리니 의인들이 나를 두르리이다

월 일

시편 143편

다윗의 시

1 여호와여 내 기도를 들으시며 내 간구에 귀를 기울이시고
주의 진실과 의로 내게 응답하소서
2 주의 종에게 심판을 행하지 마소서
주의 눈앞에는 의로운 인생이 하나도 없나이다
3 원수가 내 영혼을 핍박하며 내 생명을 땅에 엎어서
나로 죽은 지 오랜 자같이 나를 암흑 속에 두었나이다
4 그러므로 내 심령이 속에서 상하며 내 마음이 내 속에서 참담하니이다
5 내가 옛날을 기억하고 주의 모든 행하신 것을 읊조리며
주의 손이 행하는 일을 생각하고
6 주를 향하여 손을 펴고 내 영혼이 마른 땅같이 주를 사모하나이다 (셀라)
7 여호와여 속히 내게 응답하소서 내 영이 피곤하니이다
주의 얼굴을 내게서 숨기지 마소서
내가 무덤에 내려가는 자 같을까 두려워하나이다
8 아침에 나로 하여금 주의 인자한 말씀을 듣게 하소서
내가 주를 의뢰함이니이다 내가 다닐 길을 알게 하소서
내가 내 영혼을 주께 드림이니이다
9 여호와여 나를 내 원수들에게서 건지소서 내가 주께 피하여 숨었나이다
10 주는 나의 하나님이시니 나를 가르쳐 주의 뜻을 행하게 하소서
주의 영은 선하시니 나를 공평한 땅에 인도하소서
11 여호와여 주의 이름을 위하여 나를 살리시고
주의 의로 내 영혼을 환난에서 끌어내소서
12 주의 인자하심으로 나의 원수들을 끊으시고
내 영혼을 괴롭게 하는 자를 다 멸하소서 나는 주의 종이니이다

월 일

시인은 사람들에게 외면당하고
쫓기는 신세가 되었습니다.

그는 영혼이 감옥에 갇힌 것 같다고 토로합니다.
고통에 압도되어 무기력함, 고민과 염려,
불평과 원망, 절망이 깊어집니다.

하나님께 매달리는 것 말고는
아무것도 할 수 없는 상황에서
그가 기도를 시작합니다.
'소리내어', '부르짖으며'
원통함을 하나님께 쏟아냅니다.

영적 감옥에서 해방되는 길은 주님께 나아가
자신의 처지를 아뢰고 말씀을 붙드는 것뿐입니다.

아무에게도 말하지 못한 아픔이 있나요?
주님께는 내려놓아도 괜찮습니다.

다 말하지 못해도
그분은 우리의 형편을 다 아시기에
유일한 피난처와 버팀목이 되어주십니다.

나의 묵상

아침에 나로 하여금
주의 인자한 말씀을 듣게 하소서
내가 주를 의뢰함이니이다

시편 144편

다윗의 시

1 나의 반석이신 여호와를 찬송하리로다
그가 내 손을 가르쳐 싸우게 하시며
손가락을 가르쳐 전쟁하게 하시는도다

2 여호와는 나의 사랑이시요 나의 요새이시요 나의 산성이시요
나를 건지시는 이시요 나의 방패이시니 내가 그에게 피하였고
그가 내 백성을 내게 복종하게 하셨나이다

3 여호와여 사람이 무엇이기에 주께서 그를 알아주시며
인생이 무엇이기에 그를 생각하시나이까

4 사람은 헛것 같고 그의 날은 지나가는 그림자 같으니이다

5 여호와여 주의 하늘을 드리우고 강림하시며
산들에 접촉하사 연기를 내게 하소서

6 번개를 번쩍이사 원수들을 흩으시며 주의 화살을 쏘아 그들을 무찌르소서

7 위에서부터 주의 손을 펴사 나를 큰물과 이방인의 손에서 구하여 건지소서

8 그들의 입은 거짓을 말하며 그의 오른손은 거짓의 오른손이니이다

9 하나님이여 내가 주께 새 노래로 노래하며
열 줄 비파로 주를 찬양하리이다

10 주는 왕들에게 구원을 베푸시는 자시요
그의 종 다윗을 그 해하려는 칼에서 구하시는 자시니이다

11 이방인의 손에서 나를 구하여 건지소서
그들의 입은 거짓을 말하며 그 오른손은 거짓의 오른손이니이다

12 우리 아들들은 어리다가 장성한 나무들과 같으며
우리 딸들은 궁전의 양식대로 아름답게 다듬은 모퉁잇돌들과 같으며

월 일

13 우리의 곳간에는 백곡이 가득하며
우리의 양은 들에서 천천과 만만으로 번성하며
14 우리 수소는 무겁게 실었으며 또 우리를 침노하는 일이나
우리가 나아가 막는 일이 없으며
우리 거리에는 슬피 부르짖음이 없을진대
15 이러한 백성은 복이 있나니
여호와를 자기 하나님으로 삼는 백성은 복이 있도다

시편 145편

다윗의 찬송 시

1 왕이신 나의 하나님이여 내가 주를 높이고
영원히 주의 이름을 송축하리이다
2 내가 날마다 주를 송축하며 영원히 주의 이름을 송축하리이다
3 여호와는 위대하시니 크게 찬양할 것이라
그의 위대하심을 측량하지 못하리로다
4 대대로 주께서 행하시는 일을 크게 찬양하며 주의 능한 일을 선포하리로다
5 주의 존귀하고 영광스러운 위엄과 주의 기이한 일들을
나는 작은 소리로 읊조리리이다
6 사람들은 주의 두려운 일의 권능을 말할 것이요
나도 주의 위대하심을 선포하리이다

월 일

7 그들이 주의 크신 은혜를 기념하여 말하며 주의 의를 노래하리이다
8 여호와는 은혜로우시며 긍휼이 많으시며
노하기를 더디 하시며 인자하심이 크시도다
9 여호와께서는 모든 것을 선대하시며
그 지으신 모든 것에 긍휼을 베푸시는도다
10 여호와여 주께서 지으신 모든 것들이 주께 감사하며
주의 성도들이 주를 송축하리이다
11 그들이 주의 나라의 영광을 말하며 주의 업적을 일러서
12 주의 업적과 주의 나라의 위엄 있는 영광을 인생들에게 알게 하리이다
13 주의 나라는 영원한 나라이니 주의 통치는 대대에 이르리이다
14 여호와께서는 모든 넘어지는 자들을 붙드시며 비굴한 자들을 일으키시는도다
15 모든 사람의 눈이 주를 앙망하오니 주는 때를 따라 그들에게 먹을 것을 주시며
16 손을 펴사 모든 생물의 소원을 만족하게 하시나이다
17 여호와께서는 그 모든 행위에 의로우시며 그 모든 일에 은혜로우시도다
18 여호와께서는 자기에게 간구하는 모든 자
곧 진실하게 간구하는 모든 자에게 가까이 하시는도다
19 그는 자기를 경외하는 자들의 소원을 이루시며
또 그들의 부르짖음을 들으사 구원하시리로다
20 여호와께서 자기를 사랑하는 자들은 다 보호하시고
악인들은 다 멸하시리로다
21 내 입이 여호와의 영예를 말하며 모든 육체가 그의 거룩하신 이름을
영원히 송축할지로다

월 일

시편 146편

1 할렐루야 내 영혼아 여호와를 찬양하라
2 나의 생전에 여호와를 찬양하며 나의 평생에 내 하나님을 찬송하리로다
3 귀인들을 의지하지 말며 도울 힘이 없는 인생도 의지하지 말지니
4 그의 호흡이 끊어지면 흙으로 돌아가서 그날에 그의 생각이 소멸하리로다
5 야곱의 하나님을 자기의 도움으로 삼으며
여호와 자기 하나님에게 자기의 소망을 두는 자는 복이 있도다
6 여호와는 천지와 바다와 그중의 만물을 지으시며 영원히 진실함을 지키시며
7 억눌린 사람들을 위해 정의로 심판하시며 주린 자들에게 먹을 것을 주시는
이시로다 여호와께서는 갇힌 자들에게 자유를 주시는도다
8 여호와께서 맹인들의 눈을 여시며 여호와께서 비굴한 자들을 일으키시며
여호와께서 의인들을 사랑하시며
9 여호와께서 나그네들을 보호하시며 고아와 과부를 붙드시고
악인들의 길은 굽게 하시는도다
10 시온아 여호와는 영원히 다스리시고
네 하나님은 대대로 통치하시리로다 할렐루야

시편 147편

1 할렐루야 우리 하나님을 찬양하는 일이 선함이여
찬송하는 일이 아름답고 마땅하도다
2 여호와께서 예루살렘을 세우시며 이스라엘의 흩어진 자들을 모으시며
3 상심한 자들을 고치시며 그들의 상처를 싸매시는도다

월 일

4 그가 별들의 수효를 세시고 그것들을 다 이름대로 부르시는도다
5 우리 주는 위대하시며 능력이 많으시며 그의 지혜가 무궁하시도다
6 여호와께서 겸손한 자들은 붙드시고 악인들은 땅에 엎드러뜨리시는도다
7 감사함으로 여호와께 노래하며 수금으로 하나님께 찬양할지어다
8 그가 구름으로 하늘을 덮으시며 땅을 위하여 비를 준비하시며
산에 풀이 자라게 하시며
9 들짐승과 우는 까마귀 새끼에게 먹을 것을 주시는도다
10 여호와는 말의 힘이 세다 하여 기뻐하지 아니하시며
사람의 다리가 억세다 하여 기뻐하지 아니하시고
11 여호와는 자기를 경외하는 자들과
그의 인자하심을 바라는 자들을 기뻐하시는도다
12 예루살렘아 여호와를 찬송할지어다 시온아 네 하나님을 찬양할지어다
13 그가 네 문빗장을 견고히 하시고
네 가운데에 있는 너의 자녀들에게 복을 주셨으며
14 네 경내를 평안하게 하시고 아름다운 밀로 너를 배불리시며
15 그의 명령을 땅에 보내시니 그의 말씀이 속히 달리는도다
16 눈을 양털같이 내리시며 서리를 재같이 흩으시며
17 우박을 떡 부스러기같이 뿌리시나니 누가 능히 그의 추위를 감당하리요
18 그의 말씀을 보내사 그것들을 녹이시고 바람을 불게 하신즉 물이 흐르는도다
19 그가 그의 말씀을 야곱에게 보이시며
그의 율례와 규례를 이스라엘에게 보이시는도다
20 그는 어느 민족에게도 이와 같이 행하지 아니하셨나니
그들은 그의 법도를 알지 못하였도다 할렐루야

월 일

시편 148편

1 할렐루야 하늘에서 여호와를 찬양하며 높은 데서 그를 찬양할지어다
2 그의 모든 천사여 찬양하며 모든 군대여 그를 찬양할지어다
3 해와 달아 그를 찬양하며 밝은 별들아 다 그를 찬양할지어다
4 하늘의 하늘도 그를 찬양하며
하늘 위에 있는 물들도 그를 찬양할지어다
5 그것들이 여호와의 이름을 찬양함은
그가 명령하시므로 지음을 받았음이로다
6 그가 또 그것들을 영원히 세우시고 폐하지 못할 명령을 정하셨도다
7 너희 용들과 바다여 땅에서 여호와를 찬양하라
8 불과 우박과 눈과 안개와 그의 말씀을 따르는 광풍이며
9 산들과 모든 작은 산과 과수와 모든 백향목이며
10 짐승과 모든 가축과 기는 것과 나는 새며
11 세상의 왕들과 모든 백성들과 고관들과 땅의 모든 재판관들이며
12 총각과 처녀와 노인과 아이들아
13 여호와의 이름을 찬양할지어다 그의 이름이 홀로 높으시며
그의 영광이 땅과 하늘 위에 뛰어나심이로다
14 그가 그의 백성의 뿔을 높이셨으니
그는 모든 성도 곧 그를 가까이하는 백성
이스라엘 자손의 찬양받을 이시로다 할렐루야

월 일

시편 149편

1 할렐루야 새 노래로 여호와께 노래하며
성도의 모임 가운데에서 찬양할지어다

2 이스라엘은 자기를 지으신 이로 말미암아 즐거워하며
시온의 주민은 그들의 왕으로 말미암아 즐거워할지어다

3 춤추며 그의 이름을 찬양하며
소고와 수금으로 그를 찬양할지어다

4 여호와께서는 자기 백성을 기뻐하시며
겸손한 자를 구원으로 아름답게 하심이로다

5 성도들은 영광 중에 즐거워하며
그들의 침상에서 기쁨으로 노래할지어다

6 그들의 입에는 하나님에 대한 찬양이 있고
그들의 손에는 두 날 가진 칼이 있도다

7 이것으로 뭇 나라에 보수하며 민족들을 벌하며

8 그들의 왕들은 사슬로, 그들의 귀인은 철 고랑으로 결박하고

9 기록한 판결대로 그들에게 시행할지로다
이런 영광은 그의 모든 성도에게 있도다 할렐루야

월 일

시편 150편

1 할렐루야 그의 성소에서 하나님을 찬양하며
그의 권능의 궁창에서 그를 찬양할지어다

2 그의 능하신 행동을 찬양하며
그의 지극히 위대하심을 따라 찬양할지어다

3 나팔 소리로 찬양하며 비파와 수금으로 찬양할지어다

4 소고 치며 춤추어 찬양하며 현악과 퉁소로 찬양할지어다

5 큰 소리 나는 제금으로 찬양하며
높은 소리 나는 제금으로 찬양할지어다

6 호흡이 있는 자마다 여호와를 찬양할지어다 할렐루야

월 일

시편 150편까지
긴 호흡의 필사와 묵상의 여정을
완주한 당신을 축복합니다.

하나님이 인도해주셨음을 겸손히 고백하고,
오늘, 그분께 감사와
기쁨의 찬송을 올려드리십시오.

'하'나님께서 하셨습니다.
'하'나님께서 하실 새 일을 기대합니다.
'하'나님께 영광과 감사를 올려드립니다.

하. 하. 하!

이제 삶에서 하나님을 향한
신실한 순종과 찬양의 곡조를 써보십시오.

하나님과 동행하는
당신만의 '시편'을 써 내려가십시오.

나의 묵상

여호와는 은혜로우시며 긍휼이 많으시며
노하기를 더디 하시며 인자하심이 크시도다

쓰담쓰담 시편 3 (개역개정)

초판 1쇄 발행 2021년 4월 2일

지은이 햇살콩(김나단, 김연선)

펴낸이 여진구
책임편집 김아진 정아혜
편집 이영주 정선경 최현수 안수경 최은정
책임디자인 조은혜 | 마영애 노지현 조아라
기획 · 홍보 김영하
마케팅 김상순 강성민 허병용
제작 조영석 정도봉
해외저작권 기은혜
마케팅지원 최영배 정나영
경영지원 김혜경 김경희

303비전성경암송학교 유니게과정 박정숙 최경식
이슬비전도학교 / 303비전성경암송학교 / 303비전꿈나무장학회 여운학

펴낸곳 규장

주소 06770 서울시 서초구 매헌로 16길 20(양재2동) 규장선교센터
전화 02)578-0003 팩스 02)578-7332
이메일 kyujang0691@gmail.com 홈페이지 www.kyujang.com
페이스북 facebook.com/kyujangbook 인스타그램 instagram.com/kyujang_com
카카오스토리 story.kakao.com/kyujangbook
등록일 1978.8.14. 제1-22

책값 뒤표지에 있습니다.
ISBN 979-11-6504-193-9 04230
979-11-6504-170-0 (세트)

규 | 장 | 수 | 칙

1. 기도로 기획하고 기도로 제작한다.
2. 오직 그리스도의 성품을 사모하는 독자가 원하고 필요로 하는 책만을 출판한다.
3. 한 활자 한 문장에 온 정성을 쏟는다.
4. 성실과 정확을 생명으로 삼고 일한다.
5. 긍정적이며 적극적인 신앙과 신행일치에의 안내자의 사명을 다한다.
6. 충고와 조언을 항상 감사로 경청한다.
7. 지상목표는 문서선교에 있다.

하나님을 사랑하는 자 곧 그의 뜻대로 부르심을 입은 자들에게는 모든 것이 合力하여 善을 이루느니라(롬 8:28)

ecpa Member of the Evangelical Christian Publishers Association

규장은 문서를 통해 복음전파와 신앙교육에 주력하는 국제적 출판사들의 협의체인 복음주의출판협회(E.C.P.A:Evangelical Christian Publishers Association)의 출판정신에 동참하는 회원(Associate Member)입니다.